工。 場に 行く。 の しごと。

週。 は 九時だ。

友。 たち。

北。 風。

分。 せん。 ら 学ぶ。

も ない。 人。

走。 か 走る。

の へや。 と 妹。

才 3画
才のう。 天才画家。

止 4画
中止。 行き止まり。

外 5画
外国人。 線の 外がわ。

用 5画
用い。 車を 用いる。

色 6画
十二色。 色紙を 買う。 七色の にじ。

角 7画
三角。方角。 つくえの 角。 牛の 角。

体 7画
体そう。 体を まげる。

知 8画
知しき。 知らない 人。

万 3画
一万円。 十万人。

少 4画
少年。 数が 少ない。

兄 5画
兄弟。 兄と 弟。

羽 6画
羽音。 羽を ひろう。

西 6画
南西。 東西。 西がわの 門。

汽 7画
汽車。 汽船。

弟 7画
兄弟。 兄と 弟。

長 8画
社長。 長い ひも。

引 4画
引用。 糸を 引く。

心 4画
中心。 心細い。

古 5画
古書。 古い 時計。

回 6画
何回。 目が 回る。

多 6画

近 7画
。

売 7画
お茶を 売る。

直 8画
日直。正直。 直ちに 行く。 書き直す。

牛 4画
牛肉。 ぼく場の 牛。

切 4画
大切。 紙を 切る。

広 5画
広こく。 広い へや。

会 6画
会話。 人に 会う。

地 6画
地図。 地めん。

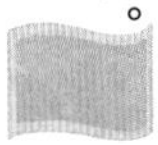

形 7画
三角形。 人形。ひし形。 ハートの 形。

麦 7画
麦茶。 小麦。

店 8画
書店。 店先。

元 4画
元気。元日。 元に もどす。

太 4画
太よう。 丸太。 太い 木。

市 5画
市内。 市場に 行く。

交 6画
交通。 線が 交わる。 石が 交じる。

池 6画
電池。 池の 魚。

言 7画
はつ言。 でん言。 一言で 言う。

来 7画
来週。 人が 来る。 やっと 来た。

東 8画
東京。 東口に 出る。

小学2年生

漢字にぐーんと強くなる

もくじ

KUMON

この 本の しくみと つかい方

学しゅうする かん字の グループ
おもに かん字の いみや 形で まとめて あります。 それぞれの かん字を かんれんづけて おぼえましょう。

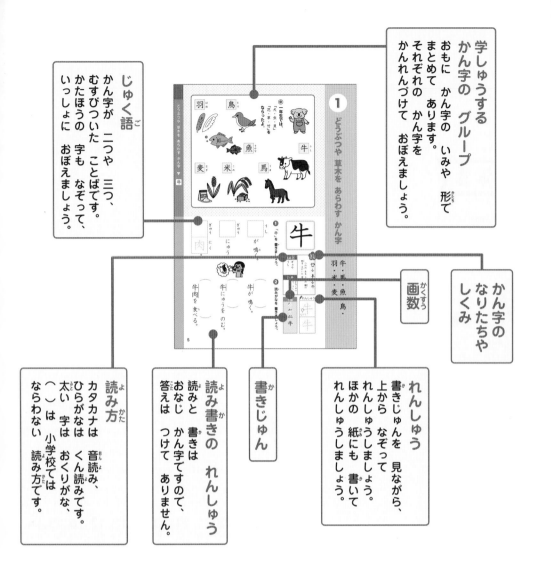

じゅく語
かん字が 二つや 三つ、 むすびついた ことばです。 かたほうの 字も なぞって、 いっしょに おぼえましょう。

かん字の なりたちや しくみ

画数

れんしゅう
書きじゅんを 見ながら、 上から なぞって れんしゅうしましょう。 ほかの 紙にも 書いて れんしゅうしましょう。

書きじゅん

読み書きの れんしゅう
読みと 書きは おなじ かん字ですので、 答えは つけて ありません。

読み方
カタカナは 音読み、 ひらがなは くん読みです。 太い 字は おくりがな、 （ ）は 小学校では ならわない 読み方です。

音くん さくいん

二年生の かん字 160字

二年生で ならう すべての かん字の 読み方を、 五十音 （あいうえお…） じゅんに ならべて います。

小学漢字に強くなる字典　小学校で学ぶ全1026字

たくさんの例文・熟語で、漢字の意味や使い方がよくわかります。
作文やことば調べなどの宿題に大かつやく。
なかまコーナーが学年をこえて漢字の世界を広げます。

● **漢字をすぐに見つけられる字典**
学年別・総ふりがなで１年生から使える
音訓・総画・部首さくいんでさがしやすい
付録のシールで引きやすさアップ

● **宿題や自習に大かつやく**
たくさんの例文・熟語を収録
ていねいな説明で、漢字の意味がよくわかる
ことば探しや文作りなど、家庭学習で役に立つ

● **漢字の世界を広げ、好きになる**
イラスト付きの成り立ちで漢字が身近に
学年をこえて漢字のなかまを紹介

● **正しく、美しい字が書ける**
すべての画を示している筆順コーナー
手書きのお手本文字で書き方がよくわかる

監修：和泉 新（図書館情報大学名誉教授）　A5判／800ページ

1 どうぶつや 草木を あらわす かん字

牛・馬・魚・鳥・羽・米・麦

牛

読み方	いみ
ギュウ うし	•かちくの一つ、うし

なりたち：つのの ある うしの 頭の 形を えがいた字。

4画：牛

れんしゅう（ながく）

1 「牛」を 書きましょう。

□（うし）が 鳴く。

□（ぎゅう）にゅう。

□（ぎゅう）肉（にく）。

2 読みがなを 書きましょう。

牛（　）が 鳴く。

牛（　）にゅうを のむ。

牛肉（　）を 食べる。

馬

なりたち
→ 馬
うまの すがたを えがいた 字。

読み方	いみ
バ うま ま	・はしるのが はやく力づよい、うま

10画
馬 馬 馬 馬 馬

れんしゅう
馬（はねる）

1 「馬」を 書（か）きましょう。

（うま）□の 親子（おやこ）。

白い 子（こうま）□。

（ばしゃ）□車。

回転（かいてん）木（もくば）□。
（ゆうえんちなどに ある くるくる まわる 木などで つくった うま）

2 読（よ）みがなを 書きましょう。

馬（　）の 親子。

白い 子馬（　）。

馬車（　）に のる。

回転（かいてん）木馬（　）。

魚

なりたち
→ 魚
さかなの 形（かたち）を えがいた 字。

読み方	いみ
ギョ うお さかな	・水中に すむ 生きものの 一つ、さかな

11画
魚 魚 魚 魚 魚

れんしゅう
魚（てんに ちゅうい）

1 「魚」を 書きましょう。

（さかな）□が およぐ。

（さかな）□を 買（か）う。

（うお）□市場（いちば）。

金（きんぎょ）□。

2 読みがなを 書きましょう。

魚（　）が およぐ。

魚（　）を 買う。

朝（あさ）の 魚市場（　）。

金魚（　）を かう。

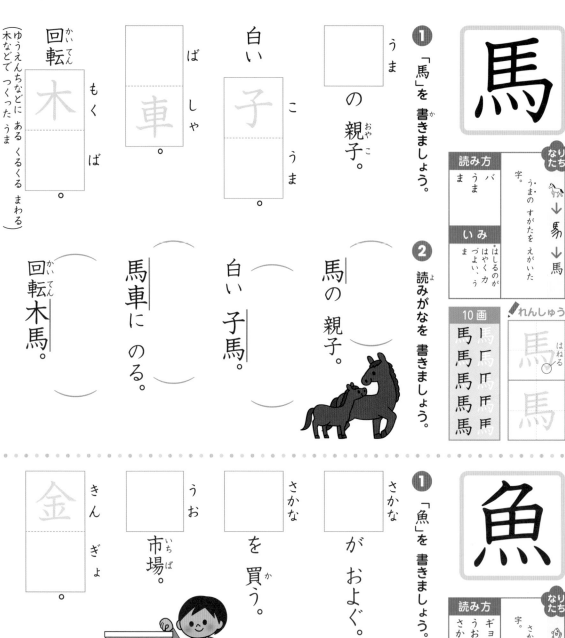

ドリル

点

1つ・5点

1 ―線の かん字の 読みがなを 書きましょう。

① 馬の 親子。（　　）

② 魚が およぐ。（　　）

③ 牛が 鳴く。（　　）

④ 牛にゅうを のむ。（　　）

⑤ 魚市場。（　　）

⑥ 白い 子馬。（　　）

⑦ 牛肉を 食べる。（　　）

⑧ 魚を 買う。（　　）

⑨ 馬車に のる。（　　）

⑩ 金魚を かう。（　　）

2 読みがなに あう かん字を 書きましょう。

① 小さな □（さかな）。

② □（うし）の 鳴き声。

③ □（ぎゅう）にゅう。

④ □（うま）に のる。

⑤ 朝の □（うお） 市場。

⑥ 回転 □□（もくば）。

⑦ □□（きんぎょ）。

⑧ □肉（ぎゅうにく）を 食べる。

⑨ □□（ばしゃ）。

⑩ 白い □□（こうま）。

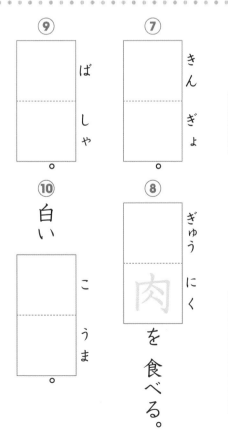

鳥

なりたち
長い おの たれた とりの 形を えがいた 字。

読み方
チョウ
とり

いみ
•つばさを もち、空を とぶ 生きもの、とり

11画
鳥

れんしゅう
鳥 鳥（ながく）

1 「鳥」を 書きましょう。

□（とり）が とぶ。

青い 小（こ）□（とり）。

白（はく）□（ちょう）。

森の 野（や）□（ちょう）。

2 読みがなを 書きましょう。

鳥（　）が とぶ。

青い 小鳥（　）。

白鳥（　）の むれ。

森の 野鳥（　）。

羽

なりたち
鳥の はねを 二つ ならべた 字。

読み方
（ウ）
は
はね

いみ
•とりや こん虫が とぶ ための もの

6画
羽

れんしゅう
羽 羽（はねる）

1 「羽」を 書きましょう。

鳥（とり）の □（はね）。

□（はね）を 広（ひろ）げる。

三（さん）□（ば）の すずめ。

虫の □（は）音（おと）。
（虫が はねを ならす 音）

2 読みがなを 書きましょう。

鳥の 羽（　）。

羽（　）を 広げる。

三羽（　）の すずめ。
※「は」は、「わ」「ば」「ぱ」のような 読みかたに なる ことが ある。

虫の 羽音（　）。

米

なりたち
「十」の しるしの まわりに、てんてんと 小さな こめつぶが ちらばって いる ようすを あらわした 字。

読み方
ベイ
マイ
こめ

いみ
•いねの みの からを とった もの、こめ

6画
米

れんしゅう
むきに ちゅうい

1 「米」を 書(か)きましょう。

こめ
□の つぶ。

こめ
□を 作(つく)る。

しんまい
新□。
（その 年に とれた あたらしい こめ）

べいさく
□作。
（こめを つくる こと）

2 読(よ)みがなを 書きましょう。

米（　　）の つぶ。

米（　　）を 作る。

新米（　　）を 食(た)べる。

米作（　　）農家(のうか)。

麦

なりたち
もとの 字は「麥」。「來(むぎの ほ。くる いみの『来』と 同(おな)じ)」と「夊(あし)」を 合わせ、とおくの 国(くに)から はこばれて きた むぎを あらわす。

読み方
（バク）
むぎ

いみ
•いねの なかまの しょくぶつ、むぎ

7画
麦

れんしゅう
「又」と しない

1 「麦」を 書(か)きましょう。

むぎ
□ばたけ。

むぎ
□わらぼうし。

むぎちゃ
□茶。

こむぎ
小□粉(こ)。

2 読(よ)みがなを 書きましょう。

麦（　　）ばたけ。

麦（　　）わらぼうし。

麦茶（　　）を のむ。

白い 小麦（　　）粉(こ)。

ドリル

1つ・5点

点

1 ―線の かん字の 読みがなを 書きましょう。

① 鳥が とぶ。（　　）

② 米の つぶ。（　　）

③ 麦ばたけ。（　　）

④ 羽を 広げる。（　　）

⑤ 新米を 食べる。（　　）

⑥ 野鳥の むれ。（　　）

⑦ 三羽の すずめ。（　　）

⑧ 麦茶を のむ。（　　）

⑨ 白鳥の つばさ。（　　）

⑩ 米作農家。（　　）

2 読みがなに あう かん字を 書きましょう。

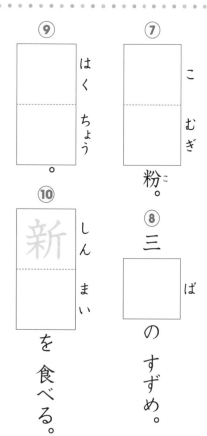

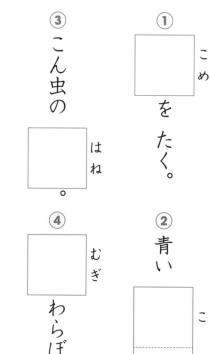

① □（こめ）を たく。

② 青い □□（ことり）。

③ こん虫の □（はね）。

④ □（むぎ）わらぼうし。

⑤ □（こめ）を 作る。

⑥ □（とり）の つばさ。

⑦ □□（こむぎ）粉。

⑧ 三 □（ば）の すずめ。

⑨ □□（はくちょう）。

⑩ 新□（しんまい）を 食べる。

2 しぜんや 天気を あらわす かん字

池・谷・岩・海・風・星・晴・雪・雲

池

読み方	いみ
チ いけ	●くぼみに 水が たまっ たところ

なりたち 「氵(みず)」と「也(からだが よこに のびた へび)」を 合(あ)わせた 字。水が 平(たい)らに 広(ひろ)がって いる いけを あらわした 字。

6画 池

れんしゅう 池 池（はねる）

1 「池」を 書(か)きましょう。

□（いけ）の 魚(さかな)。

公園(こうえん)の □（いけ）。

かん □□（でん・ち）。

2 読(よ)みがなを 書きましょう。

池（　）の 魚。

公園の 池（　）。

かん電池（　）。

谷

なりたち
「八（左右に 分かれる しるし）」と「口（くぼみ）」を 合わせた 字。山と 山の 間の くぼみから 水が ながれる たにを あらわした 字。

読み方
（コク）
たに

いみ
・山と 山の あいだの くぼみ

7画
谷 谷 谷 谷 谷 谷 谷

れんしゅう
つける
谷 谷

1 「谷」を 書きましょう。

ふかい □（たに）。

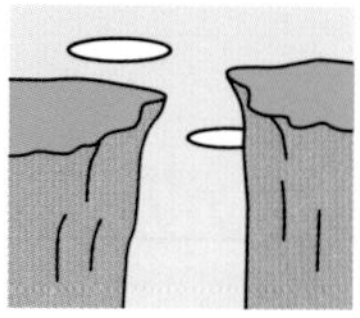

□（たに）川（がわ）。

□（たに）間（ま）。

ふかい □（たに） そこ。

2 読みがなを 書きましょう。

ふかい 谷（　　）。

谷川（　　）の 水。

谷間（　　）の 川。

ふかい 谷（　　）そこ。

岩

なりたち
「山（やま）」と「石（いし）」を 合わせた 字。山に ある 大きな 石、いわを あらわした 字。海や 野原に ある 大きな 石も いう。

読み方
ガン
いわ

いみ
・石の 大きな もの

8画
岩 岩 岩 岩 岩 岩 岩 岩

れんしゅう
はらう
岩 岩

1 「岩」を 書きましょう。

大きな □（いわ）。

□（いわ）山（やま）。

□（がん）石（せき）。

火山の よう □（がん）。
（火山の ふん火で ながれ出る、いわが とけた もの）

2 読みがなを 書きましょう。

大きな 岩（　　）。

岩山（　　）に のぼる。

岩石（　　）の かけら。

火山の よう岩（　　）。

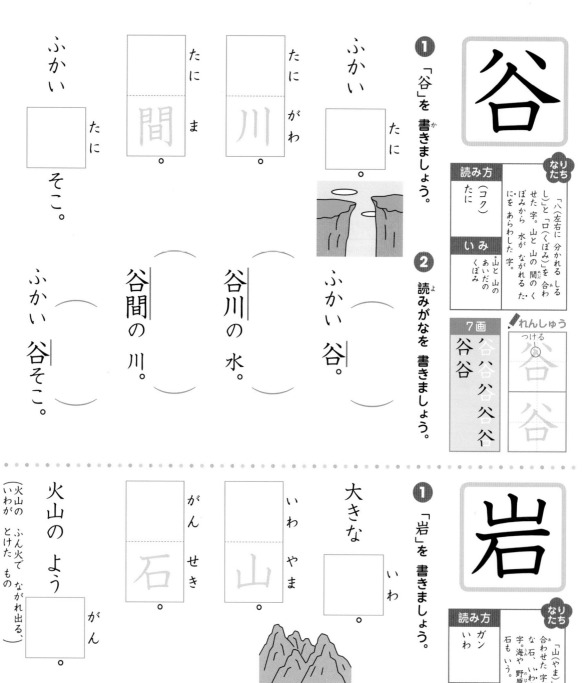

海

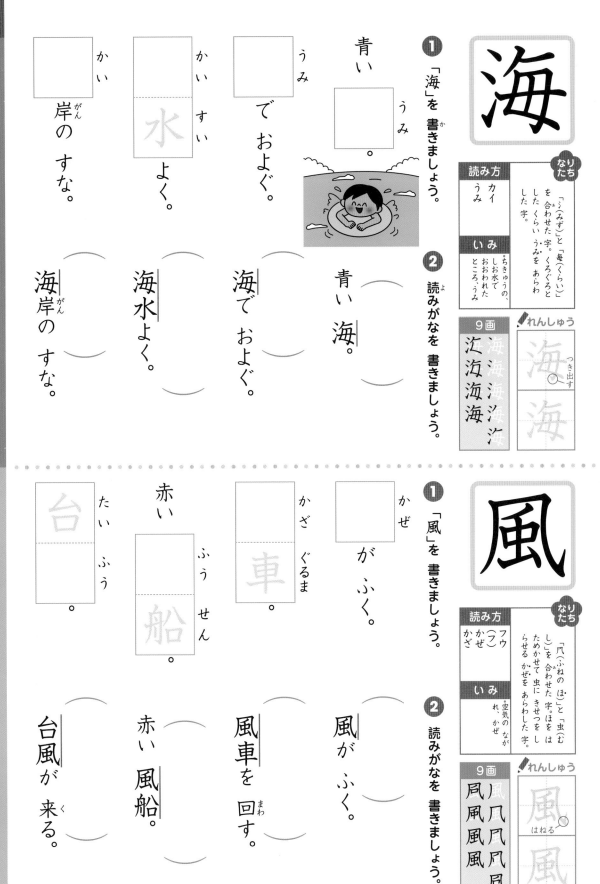

なりたち
「氵(みず)」と「毎(くらい)」を 合(あ)わせた 字。くろぐろと した くらい うみを あらわした 字。

読み方
カイ
うみ

いみ
●ちきゅうの、しお水で おおわれた ところ。うみ

9画

れんしゅう
海 つき出す
海

1 「海」を 書(か)きましょう。

青い [うみ]。

[うみ] で およぐ。

[かい][すい]水 よく。

[かい] 岸(がん)の すな。

2 読(よ)みがなを 書きましょう。

青い 海（　　）。

海（　　）で およぐ。

海水（　　）よく。

海岸(がん)（　　）の すな。

風

なりたち
「凡(ふねの ほ)」と「虫(むし)」を 合(あ)わせた 字。ほを はためかせて 虫に きせつを しらせる かぜを あらわした 字。

読み方
フウ
(フ)
かぜ
かざ

いみ
●空気の ながれ、かぜ

9画

れんしゅう
風 はねる
風

1 「風」を 書きましょう。

[かぜ] が ふく。

[かざ] 車(ぐるま)。

赤い [ふう] 船(せん)。

台(たい) [ふう]。

2 読みがなを 書きましょう。

風（　　）が ふく。

風車（　　）を 回(まわ)す。

赤い（　　） 風船（　　）。

台風（　　）が 来(く)る。

ドリル

1つ・5点

点

1 ——線（せん）の かん字の 読（よ）みがなを 書（か）きましょう。

① 海で およぐ。（　　）
② 公園（こうえん）の 池。（　　）
③ ふかい 谷。（　　）
④ 岩山に のぼる。（　　）
⑤ 風が ふく。（　　）
⑥ 海岸（がん）の すな。（　　）
⑦ 岩石の かけら。（　　）
⑧ 谷間の 川。（　　）
⑨ かん電池。（　　）
⑩ 台風が 来（く）る。（　　）

2 読みがなに あう かん字を 書きましょう。

① □（いけ） の 魚（さかな）。
② □□（かいすい） よく。
③ 赤い □□（ふうせん）。
④ □（いわ） に のぼる。
⑤ 広（ひろ）い □（うみ）。
⑥ □□（たにがわ） の 水。
⑦ 強（つよ）い □（かぜ）。
⑧ かん □□（でんち）。
⑨ ふかい □（たに）。
⑩ 火山の よう □（がん）。

星

なりたち
「日（空に かがやく ほし）」と「生（いきいきと した 草の め）」を 合わせた 字。いきいきと 夜空に 光りかがやく ほしを あらわす。

読み方
セイ （ショウ） ほし

いみ
・ほし ・めあて、ねらい

9画

れんしゅう　星　星（ながく）

1 「星」を 書き（か）ましょう。

- （ほし）□が 光る（ひか）。
- （ほしぞら）□空。
- （どせい）土□。
- 人工（じんこう）えい（せい）□。

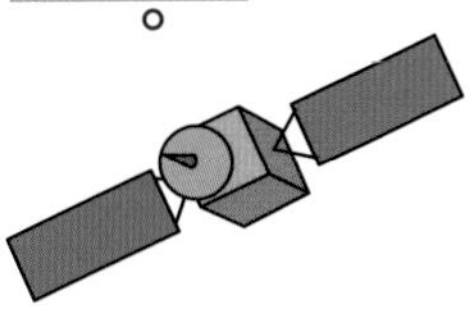

2 読み（よ）がなを 書きましょう。

- 星（　）が 光る。
- きれいな 星空（　）。
- 土星（　）の わ。
- 人工えい星（　）。

晴

なりたち
「日（たいよう）」と「青（草の めと いどの きれいな 水で すみきって 青い こと）」を 合わせた 字。青い 空が かがやいて はれて いる こと。

読み方
セイ はれる はらす

いみ
・日が てり 天気が よい こと

12画

れんしゅう　晴　晴（はねる）

1 「晴」を 書きましょう。

- （は）□れた 日。
- よく （は）□れる。
- （せいてん）□天。（天気が よい こと）
- かい（せい）□の 日。（空が はれわたって いる 日）

2 読みがなを 書きましょう。

- 晴（　）れた 日。
- よく 晴（　）れる。
- 晴天（　）に なる。
- かい晴（　）の 日。

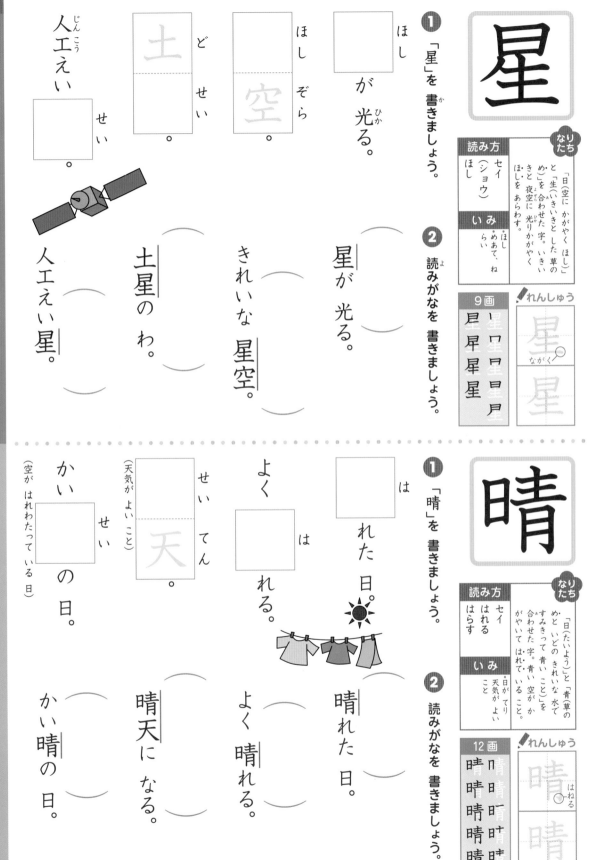

雪

なりたち
もとの 字は「雪」。「雨(あめ)」と「彗(ほうき)」を 合わせた 字。地面を ほうきで はいたように きれいに するもの、ゆきの いみに なった。

読み方	いみ
セツ ゆき	・ゆき

11画
雪 雪 雪 雪 雪 雪 雪 雪 雪 雪 雪

れんしゅう
雪 雪（つき出さない）

1 「雪(か)」を 書きましょう。

（ゆき）□ が ふる。

（ゆき）□ だるま。

大（おお）□（ゆき）。

冬(ふゆ)の せき（せつ）□。
（冬に ゆきが つもる こと）

2 読(よ)みがなを 書きましょう。

雪（　）が ふる。

雪（　）だるまを 作(つく)る。

大雪（　）の 年。

冬の せき雪（　）。

雲

なりたち
雨 ＋ 云 → 雲
「雨(あめ)」と「云(わきあがる くも)」を 合わせた 字。雨を ふらせる くもの こと。

読み方	いみ
ウン くも	・空に ただよう 水の つぶの あつまり、くも

12画
雲 雲 雲 雲 雲 雲 雲 雲 雲 雲 雲 雲

れんしゅう
雲 雲（ながく）

1 「雲」を 書きましょう。

白い （くも）□。

雨（あま）□（ぐも）。

入道(にゅうどう) （ぐも）□。
（もくもくと もりあがる なつの くも）

せきらん （うん）□。
（山のように もりあがった くも）

2 読みがなを 書きましょう。

白い 雲（　）。

くらい 雨雲（　）。

入道雲（　）が 広(ひろ)がる。

せきらん雲（　）。

ドリル

1つ・5点

点

1 ——線の かん字の 読みがなを 書きましょう。

① 星が 光る。（　）
② 白い 雲。（　）
③ 晴れた 日。（　）
④ 雪だるま。（　）
⑤ 夏の 入道雲。（　）
⑥ 人工えい星。（　）
⑦ 冬の せき雪。（　）
⑧ 晴天に なる。（　）
⑨ 土星の わ。（　）
⑩ せきらん雲。（　）

2 読みがなに あう かん字を 書きましょう。

① □（ゆき）が ふる。
② □（は）れた 日。
③ 黒い □□（あまぐも）。
④ 冬の せき□（せつ）。
⑤ □□（せいてん）の 日。
⑥ せきらん□（うん）。
⑦ 人工えい□（せい）。
⑧ □□（ほしぞら）。
⑨ □□（おおゆき）。
⑩ よく（は）れる。

まとめドリル

点

1つ・5点

❶ 読(よ)みがなに あう かん字を 書(か)きましょう。

① 青い［うみ］。

② ［こめ］を 作(つく)る。

③ ［とり］が とぶ。

④ ［はね］を 広(ひろ)げる。

⑤ ［うま］が 走(はし)る。

⑥ ［むぎ］の はたけ。

⑦ 小さな［いけ］。

⑧ ［さかな］が およぐ。

⑨ ［うし］が 鳴(な)く。

⑩ ［は］れた 日。

❷ 読みがなに あう かん字を 書きましょう。

① ［あま｜ぐも］。

② ［はく｜ちょう］。

③ ［おお｜ゆき］。

④ ［たに｜がわ］の 水。

⑤ ［いわ｜やま］。

⑥ ［かい｜すい］よく。

⑦ ［ば｜しゃ］。

⑧ ［きん｜ぎょ］。

⑨ ［ほし｜ぞら］。

⑩ ［かざ｜ぐるま］。

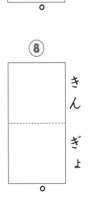

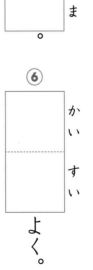

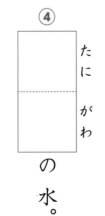

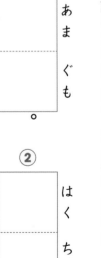

3 一日や きせつを あらわす かん字

朝・昼・夜・春・夏・秋・冬

※①は 一年生で ならう かん字

朝

読み方	いみ
チョウ あさ	・よあけから しばらくの あいだ

なりたち もとの 字は「𦩍」。「𠦝(はたが あがるように 日が のぼる あさ)」を あらわす。「舟」は 音を あらわす。日が のぼる あさの こと。

12画 一 十 ナ 古 古 直 直 卓 朝 朝 朝 朝

れんしゅう 朝 (はねる) 朝

1 「朝」を 書(か)きましょう。

あさ□早く おきる。

あさ□ひ日。

ちょう□しょく食。

2 読(よ)みがなを 書きましょう。

朝(　)早く おきる。

朝日(　)が さす。

朝食(　)の 時間(じかん)。

昼

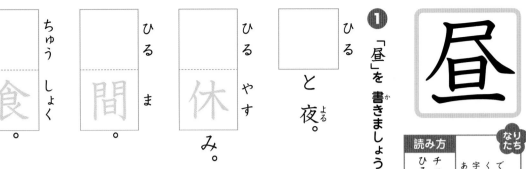

なりたち
もとの 字は「晝」。「聿(ふで)」と「旦(日の てる 時間(じかん)を くぎった 形(かたち))」を 合(あ)わせた 字。日が かがやく ひるまを あらわした 字。

読み方
チュウ
ひる

いみ
・ひるま
・正ご

9画
昼 昼 昼 昼 昼 昼 昼 昼 昼

れんしゅう
昼 昼（はらう）

1 「昼」を 書(か)きましょう。

ひる［　］と 夜(よる)。

ひるやすみ［　］［休］み。

ひるま［　］［間］。

ちゅうしょく［　］［食］。

2 読(よ)みがなを 書きましょう。

昼（　）と 夜。

昼休（　）みの 時間(じかん)。

昼間（　）の 天気。

昼食（　）を とる。

夜

なりたち
「亦(人の りょうわき)」と「月(つき)」を 合(あ)わせた 字。よる→昼(ひる)→よるのように 昼の りょうわきに ある よるを あらわした 字。

読み方
ヤ
よ
よる

いみ
・よる

8画
夜 夜 夜 夜 夜 夜 夜 夜

れんしゅう
夜 夜（わすれずに）

1 「夜」を 書きましょう。

くらい よる［　］。

よなか［　］［中］。

こんや［今］［　］。

じゅうごや［十］［五］［　］。
（八月十五日の まん月の よる）

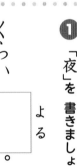

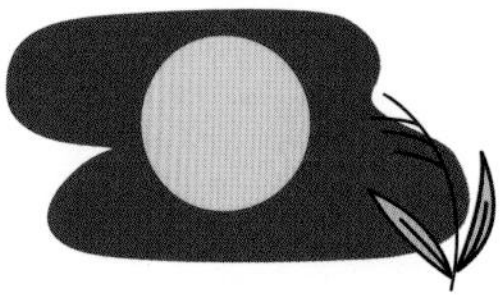

2 読みがなを 書きましょう。

くらい 夜（　）の 道(みち)。

夜中（　）の 十二時(じゅうにじ)。

今夜（　）の 天気。

十五夜（　）の 月。

ドリル

1つ・5点

点

1 ―線の かん字の 読みがなを 書きましょう。

① 朝の あいさつ。（　　）

② 昼休みに あそぶ。（　　）

③ くらい 夜。（　　）

④ 朝日が さす。（　　）

⑤ 昼間に 会う。（　　）

⑥ 夜中の 十二時。（　　）

⑦ 今夜の 天気。（　　）

⑧ 昼食を とる。（　　）

⑨ 朝食の 時間。（　　）

⑩ 十五夜の 月。（　　）

2 読みがなに あう かん字を 書きましょう。

① □（あさ）ごはん。

② くらい □（よる）。

③ □（ひる）と 夜。

④ □□（ちょう しょく）の 時間。

⑤ □□（ひる やす）み。

⑥ □□（こん や）の 天気。

⑦ □□（ちゅう しょく）。

⑧ □□□（じゅう ご や）。

⑨ □□（あさ ひ）。

⑩ 今日の □□（ひる ま）。

春

なりたち
草と 太陽(たいよう)と めが 出る ようすを 合わせた 字。日光(にっこう)を あびて 草の めが 土から 出ようと する きせつの はるを あらわした 字。

読み方
シュン
はる

いみ
・はる、年の はじめ
・わかい

9画
一 三 夫 夫 夫 春 春 春 春

れんしゅう
ながく

1 「春」を 書き(か)ましょう。

はる
□の 野原(のはら)。

はる かぜ
□風。

しゅん ぶん
□分の 日。
(こくみんの しゅく日。三月二十一日ごろ)

りっ しゅん
立□。
(二月四日ごろ)

2 読(よ)みがなを 書きましょう。

春の 野原。（　　）

春風が ふく。（　　）

春分の日。（　　）

立春の ころ。（　　）

夏

なりたち
もとは、おめんを かぶって おどって いる せの 高(たか)い 人を えがいた 字。草や 木が 高く しげる なつを あらわす 字と なった。

読み方
カ
(ゲ)
なつ

いみ
・なつ

10画
一 ア 了 百 百 百 頁 夏 夏 夏

れんしゅう
「又」と しない

1 「夏」を 書きましょう。

あつい なつ
□。

なつ やす
□休み。

なつ
□まつり。

しょ か
しょ□の 日ざし。
(なつの はじめの ころの 日ざし)

2 読みがなを 書きましょう。

あつい 夏。（　　）

夏休みの よてい。（　　）

夏まつり。（　　）

しょ夏の 日ざし。（　　）

秋

なりたち
「禾(いね)」と「火(ひ)」を 合わせた 字。作物を とり入れて 火や 日光で かわかす きせつの あきを あらわした 字。

読み方	いみ
シュウ あき	・あき

9画
秋 秋 秋 秋 秋 秋 秋 秋 秋

✎れんしゅう
秋 はねない
秋

1 「秋」を 書(か)きましょう。

□(あき)の 空。

読書(どくしょ)の □(あき)。

□(あき)晴(ば)れ。

□(しゅう)分(ぶん)の日。（こくみんの しゅく日。九月二十三日ごろ）

2 読(よ)みがなを 書きましょう。

秋（　）の 空。

読書（　）の 秋（　）。

秋晴（　）れの 空。

秋分（　）の日。

冬

なりたち
「夂(食(た)べものを 糸で ぶら下げた ようす)」と「冫(こおり)」を 合(あ)わせた 字。ふゆの ことを あらわす。

読み方	いみ
トウ ふゆ	・ふゆ

5画
冬 冬 冬 冬 冬

✎れんしゅう
冬 てんに ちゅうい
冬

1 「冬」を 書きましょう。

さむい □(ふゆ)。

□(ふゆ)山(やま)。

くまの □(とう)みん。

春夏秋(しゅんかしゅう) □(とう)。（四つの きせつ）

2 読みがなを 書きましょう。

さむい 冬（　）。

冬山（　）に のぼる。

くまの 冬（　）みん。（くまが ふゆの あいだ、あなどで、ねむったように して すごす こと）

春夏秋冬（　）。

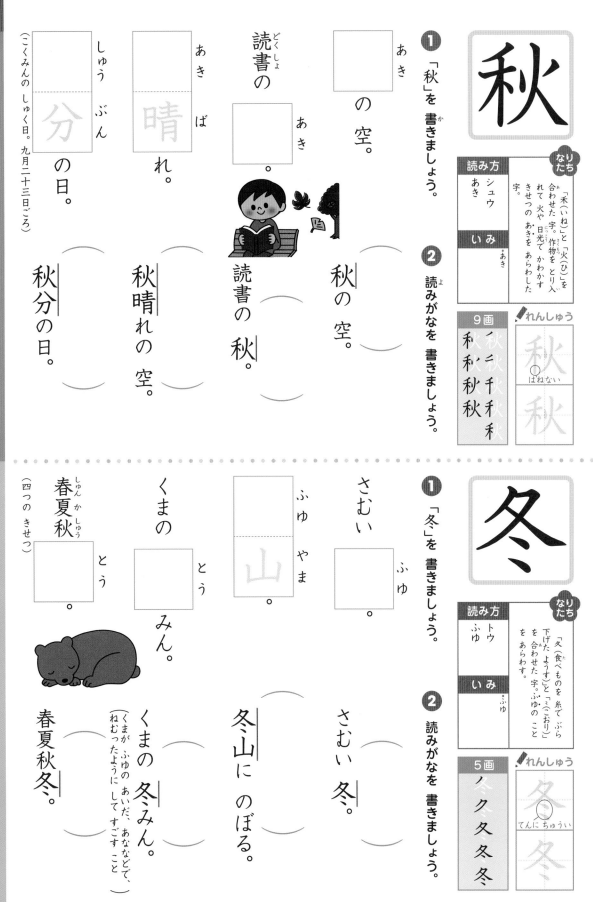

ドリル

1つ・5点
点

❶ ―線の かん字の 読みがなを 書きましょう。

① 春の 野原。（　　）
② あつい 夏。（　　）
③ 秋晴れの 空。（　　）
④ さむい 冬。（　　）
⑤ 夏休み。（　　）
⑥ 立春の ころ。（　　）
⑦ 春夏秋冬。（　　）
⑧ 秋分の日。（　　）
⑨ 春分の日。（　　）
⑩ しょ夏の 日ざし。（　　）

❷ 読みがなに あう かん字を 書きましょう。

① □□（なつやす）み。
② さむい □（ふゆ）。
③ □□（あきば）れ。
④ □□（はるかぜ）。
⑤ 読書の □（あき）。
⑥ くまの □（とう）みん。
⑦ □□（りっしゅん）。
⑧ しょ□（か）の 風。
⑨ □□（ふゆやま）。
⑩ □分（しゅうぶん）の日。

4 方角（ほうがく）や いちを あらわす かん字

東・西・南・北・方・角・前・後

「方角（ほうがく）」とは、「東（ひがし）・西（にし）・南（みなみ）・北（きた）」などの むきの ことだよ。

「前（まえ）・後（あと）」は、「いち」を あらわすよ。ほかには、「上（うえ）・中（なか）・下（した）」、「右（みぎ）・左（ひだり）」などが あるね。

前（まえ）に 花が ある。

後（うし）ろに 木が ある。

東

なりたち
ぼうを 通(とお)して りょうはしを しばった ふくろを えがいた 字。つきぬける こと。太陽(たいよう)が 大地(だいち)を つきぬけて 出る ひがしの こと。

読み方
トウ
ひがし

いみ
・たいようが 出る ほうこう

8画
東

れんしゅう
東 東（はらう）

❶ 「東」を 書(か)きましょう。

（ひがし）□の 空。

学校の （ひがし）□。

（とう きょう）□京。

（とう ほく）□北 地方(ちほう)。

❷ 読(よ)みがなを 書きましょう。

東（　）の 空。

学校の 東（　）。

東京（　）へ 行(い)く。

東北（　）地方。

西

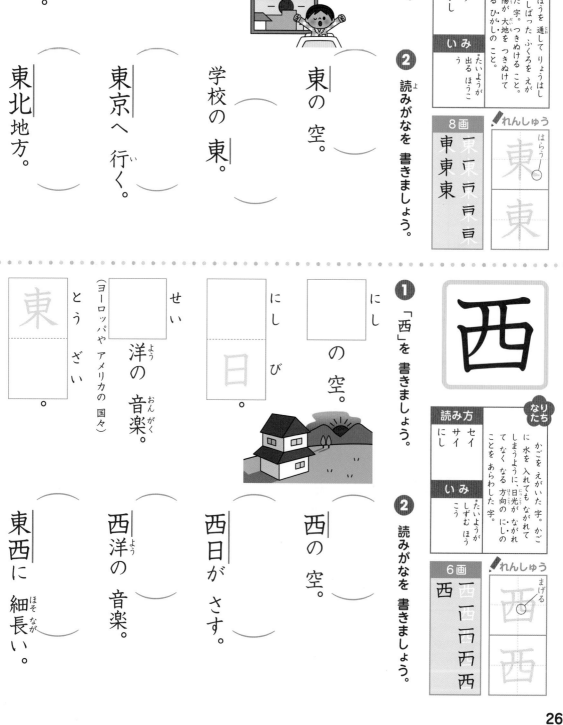

なりたち
かごを えがいた 字。かごに 水を 入れても ながれて しまうように、日光(にっこう)が ながれて なく なる 方向(ほうこう)の にしの ことを あらわした 字。

読み方
セイ
サイ
にし

いみ
・たいようが しずむ ほうこう

6画
西

れんしゅう
西 西（まげる）

❶ 「西」を 書きましょう。

（にし）□の 空。

（にし び）□日。

（せい）□洋(よう)の 音楽(おんがく)。（ヨーロッパや アメリカの 国々）

（とう ざい）東□。

❷ 読みがなを 書きましょう。

西（　）の 空。

西日（　）が さす。

西洋（　）の 音楽。

東西（　）に 細長(ほそなが)い。

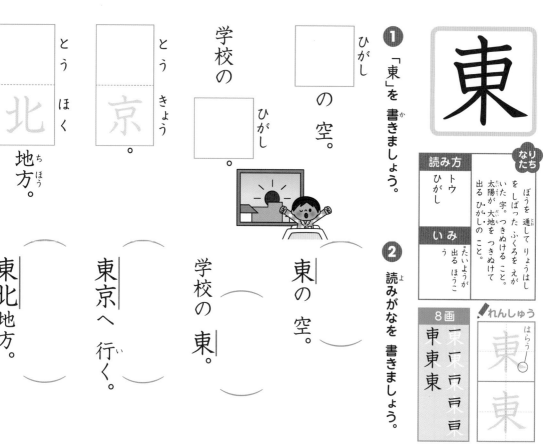

南

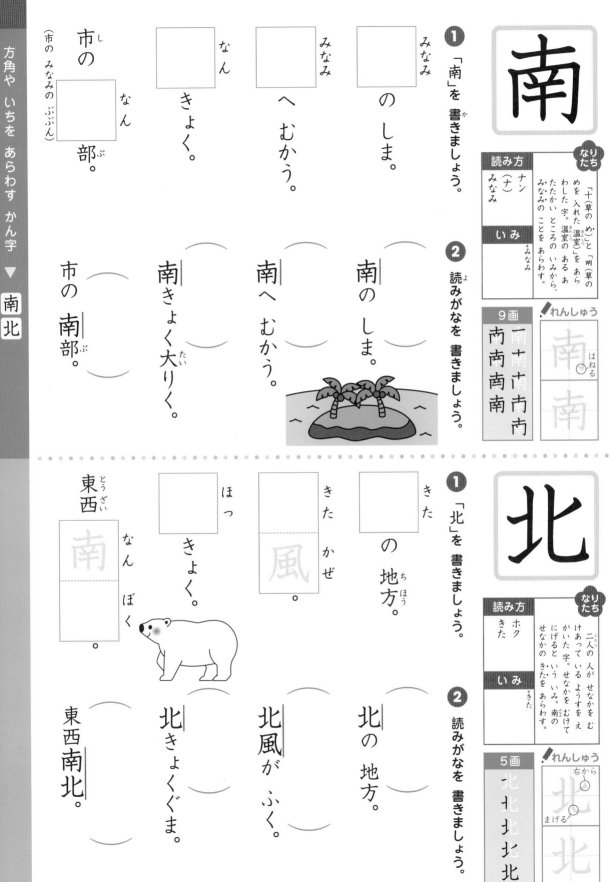

なりたち
「十（草の め）」と「冂（草の めを 入れた 温室(おんしつ)）」を あらわした 字。温室の ある あたたかい ところの いみから、みなみの ことを あらわす。

読み方	いみ
ナン（ナ） みなみ	•みなみ

9画

れんしゅう（はねる）

1 「南」を 書(か)きましょう。

（みなみ）□ の しま。

（みなみ）□ へ むかう。

（なん）□ きょく。

市(し)の （なん）□ 部(ぶ)。（市の みなみの ぶぶん）

2 読(よ)みがなを 書きましょう。

南（　）の しま。

南（　）へ むかう。

南（　）きょく大(たい)りく。

市の 南（　）部(ぶ)。

北

なりたち
二人(ふたり)の 人が せなかを むけあって いる ようすを えがいた 字。せなかを むけて にげると いう いみ。南の せなかの きたを あらわす。

読み方	いみ
ホク きた	•きた

5画

れんしゅう（右から／まげる）

1 「北」を 書きましょう。

（きた）□ の 地方(ちほう)。

（きた かぜ）□風。

（ほっ）□ きょく。

東西(とうざい) （なん ぼく）南□。

2 読みがなを 書きましょう。

北（　）の 地方。

北風（　）が ふく。

北（　）きょくぐま。

東西南北（　）。

ドリル

点

1つ・5点

1 ―線(せん)の かん字の 読(よ)みがなを 書(か)きましょう。

① 北の 地方(ちほう)。（　　）

② 西日が さす。（　　）

③ 南の しま。（　　）

④ 東の 空。（　　）

⑤ 東西に のびる。（　　）

⑥ 北きょくぐま。（　　）

⑦ 南きょく大(たい)りく。（　　）

⑧ 東京へ 行(い)く。（　　）

⑨ 東西(とうざい)南北。（　　）

⑩ 西洋(よう)の 人々(ひとびと)。（　　）

2 読みがなに あう かん字を 書きましょう。

① ［　　］（みなみ）の 海(うみ)。

② 学校の ［　　］（ひがし）がわ。

③ ［　　］（にし）の 空。

④ 市(し)の ［　　］（なん）部(ぶ)。

⑤ ［　　］（きた）の 国(くに)。

⑥ 東西 ［　　｜　　］（なんぼく）。

⑦ ［　　｜京］（とうきょう）。

⑧ ［　　］（せい）洋(よう)の 音楽(おんがく)。

⑨ ［　　］（なん）きょく。

⑩ ［　　｜　　］（とうほく）地方。

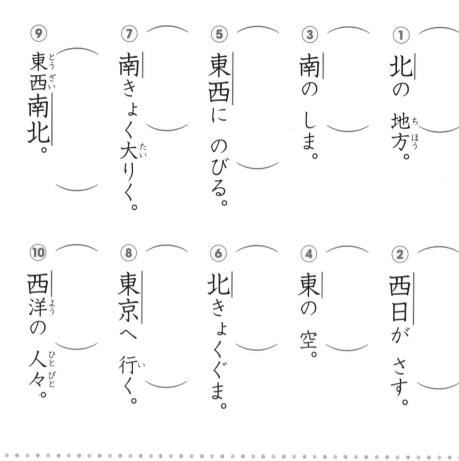

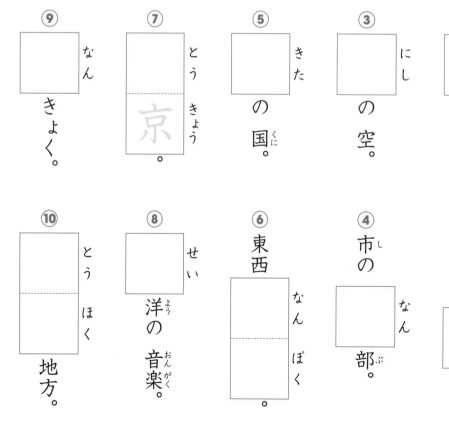

方

読み方	いみ
ホウ かた	・むき ・多くの 中の 一つの ことがら ・やりかた

なりたち：左右に えが はり出た すきを えがいた 字。えが 左右に はり出て いる ことから、東(ひがし)・西(にし)・南(みなみ)・北(きた)の ほうがくを あらわした 字。

4画

れんしゅう（はねる）

❶「方」を 書(か)きましょう。

上の □(ほう)。

東(ひがし)の □(ほう)角(がく)。

夕(ゆう)□(がた)。

はこの 作(つく)り □(かた)。

❷ 読(よ)みがなを 書きましょう。

上の 方(　)を 見る。

東の 方角(　)。

夕方(　)に なる。

はこの 作り方(　)。

角

読み方	いみ
カク かど つの	・とがって いる ところ ・どうぶつの つの

なりたち：先の とがった つのを えがいた 字。とがって いる かどを あらわす。

7画

れんしゅう（はねる）

❶「角」を 書きましょう。

三(さん)□(かく)の 形(かたち)。

四(し)□(かく)い 紙(かみ)。

まがり □(かど)。

牛(うし)の □(つの)。

❷ 読みがなを 書きましょう。

三角(　)の 形。

四角(　)い 紙。

道(みち)の まがり角(　)。

牛の 角(　)。

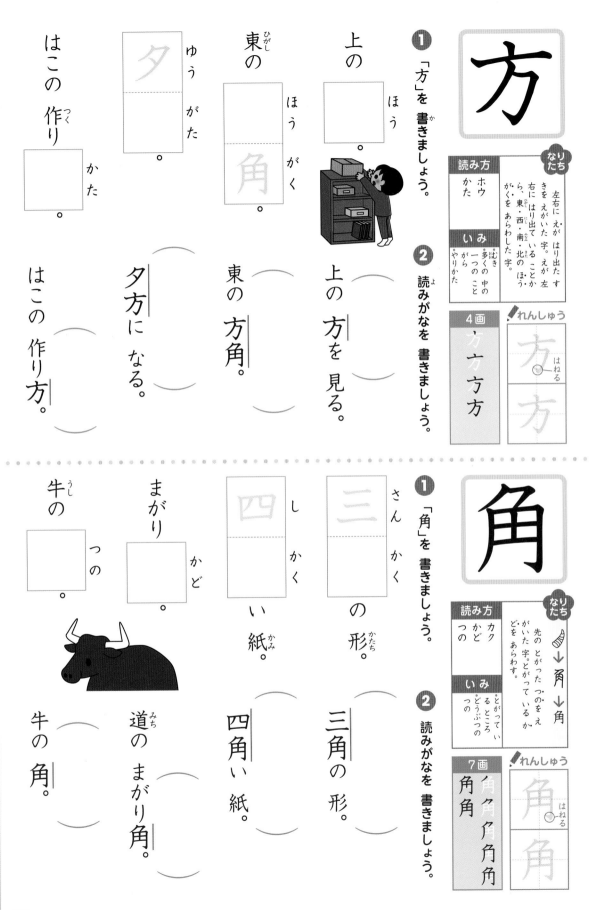

前

なりたち
「亠（止」と 同じで、足の 形）」と「月（ふね）」と「刂（かたな）」を 合わせた 字。どれも、まえに つき出る ことを あらわしたので、まえを あらわす。

読み方
ゼン
まえ

いみ
・正めんの ほうこう
・ある ときより まえ

9画

れんしゅう
前（はねる）

1 「前」を 書きましょう。

（まえ）□に すすむ。

名（なまえ）□。

午（ごぜん）□七時。

（ぜんご）□後左右。

2 読みがなを 書きましょう。

前（　）に すすむ。

名前（　）を 書く。

午前（　）七時。

前後（　）左右。

後

なりたち
「彳（みち）」と「幺（いと。少ない）」と「夂（あし）」を 合わせた 字。あと、うしろの いみを あらわす。

読み方
ゴ・コウ
のち・うしろ
あと
（おくれる）

いみ
・その ときから あと
・うしろ
・おそく なる

9画

れんしゅう
後（わすれずに）

1 「後」を 書きましょう。

（うし）□ろの 人。

（あと）□で 話す。

（のち）□ほど 会う。

（こう）□半。食（ご）□。

2 読みがなを 書きましょう。

後（　）ろの 人。

後（　）で 話す。

後（　）ほど 会う。

後（　）半。

食後（　）。

ドリル

1つ・5点

点

1 ―線の かん字の 読みがなを 書きましょう。

① 前に すすむ。（　）

② 東の 方角。（　）

③ 後ろの 人。（　）

④ 道の まがり角。（　）

⑤ 三角に 切る。（　）

⑥ 前後左右。（　）

⑦ 夕方に なる。（　）

⑧ 後ほど 会う。（　）

⑨ しあいの 後半。（　）

⑩ 牛の 角。（　）

2 読みがなに あう かん字を 書きましょう。

① （ごぜん：午□）七時。

② まがり（かど：□）。

③ 夕食の （あと：□）。

④ パンの 作り（かた：□）。

⑤ （ぜんご：□□）左右。

⑥ 南の （ほうがく：□□）。

⑦ （なまえ：□□）。

⑧ （こうはん：□半）の 時間。

⑨ 牛の （つの：□）。

⑩ （うし：　）ろを むく。

まとめドリル

□点

1つ・5点

1 読(よ)みがなに あう かん字を 書(か)きましょう。

① □（あき）の 空。

② □（はる）が 来(く)る。

③ □（ひる）休(やす)み。

④ □（よる）に なる。

⑤ あつい □（なつ）。

⑥ □（きた）の 国(くに)。

⑦ □（ひがし）の 空。

⑧ □（うし）ろの 人。

⑨ □（なん）きょく。

⑩ 牛(うし)の □（つの）。

2 読みがなに あう かん字を 書きましょう。

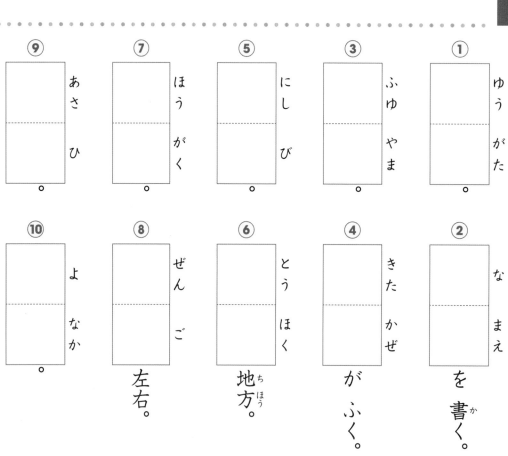

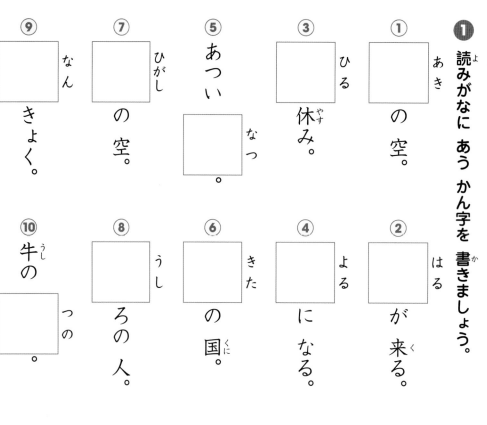

① □□（ゆう がた）。

② □□（な まえ）を 書(か)く。

③ □□（ふゆ やま）。

④ □□（きた かぜ）が ふく。

⑤ □□（にし び）。

⑥ □□（とう ほく）地方(ちほう)。

⑦ □□（ほう がく）。

⑧ □□（ぜん ご）左右。

⑨ □□（あさ ひ）。

⑩ □□（よ なか）。

5 家ぞくや 人を あらわす かん字

父・母・姉・妹・兄・弟・親・友・自

※①は 一年生で ならう かん字

父

なりたち
石の おのを 手に もって いる ようすを えがいた 字。石おので 子どもの ために はたらく 人の ことから、ちちの ことを あらわす。

読み方	
フ ちち	
いみ	・おとうさん

4画

れんしゅう（つけない）

1 「父」を 書きましょう。

ちち □ の日。（六月の だい三日よう日）

ちち おや □親。

ふ ぼ □母。

2 読みがなを 書きましょう。

父（　）の日。

父親（　）の 声。

父母（　）の 会。

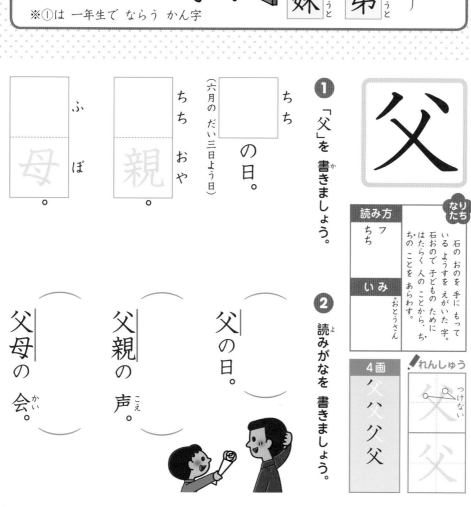

母

なりたち

赤ちゃんに おちちを あげる おかあさんの すがたを えがいた字。

読み方	いみ
ボ はは	●おかあさん

れんしゅう（つき出す）

5画

① 「母」を 書きましょう。

□（はは）の日。（五月の だい二 日よう日）　□（はは）親（おや）。

姉（あね）の □（ぼ）校（こう）。（あねが そつぎょう した 学校）

② 読みがなを 書きましょう。

母の日。（　　）　母親に にる。（　　）

姉の 母校。（　　）

姉

なりたち

「女（おんな）」と 「市（つる草の 上の 方に しるし（ほう）を つけた 字）」を 合わせた字。女の きょうだいの 年上の 人。

読み方	いみ
（シ） あね	●年上の 女の きょうだい

れんしゅう（はねる）

8画

① 「姉」を 書きましょう。

□（あね）の 本。　□（あね）と 話（はな）す。

二人（ふたり）の □（あね）。

② 読みがなを 書きましょう。

姉の 本。（　　）　姉と 話す。（　　）

二人の 姉。（　　）

妹

なりたち

「女（おんな）」と 「未（木の まだ のびきらない 小さな えだ）」を 合わせた字。女の きょうだいの 年下の 人。

読み方	いみ
（マイ） いもうと	●年下の 女の きょうだい

れんしゅう（ながく）

8画

① 「妹」を 書きましょう。

姉（あね）と □（いもうと）。　□（いもうと）の くつ。

□（いもうと）が 生まれる。

② 読みがなを 書きましょう。

姉と 妹。（　　）　妹の くつ。（　　）

妹が 生まれる。（　　）

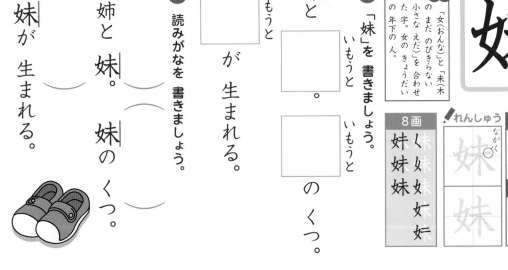

ドリル

点

1つ・5点

1 ―線の かん字の 読みがなを 書きましょう。

① 母の日。（　　）
② 父の せなか。（　　）
③ 姉の 本。（　　）
④ 妹が 生まれる。（　　）
⑤ 父母の 会。（　　）
⑥ やさしい 母親。（　　）
⑦ 姉と 妹。（　　）（　　）
⑧ 姉と 話す。（　　）
⑨ 母の 母校。（　　）（　　）
⑩ 父親の 声。（　　）

2 読みがなに あう かん字を 書きましょう。

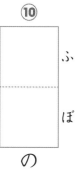

① □（ちち）の 顔。
② 二人の □（あね）。
③ □（いもうと）の くつ。
④ □□（はは おや）親 に なる。
⑤ □□（ちち おや）親。
⑥ 母の □□（ぼ こう）校。
⑦ □（あね）と 妹。
⑧ □（いもうと）が 生まれる。
⑨ □（あね）の 本。
⑩ □□（ふ ぼ）の 名前。

兄

なりたち
「口(大きな 頭(あたま))」と「儿(ひと)」を 合(あ)わせた 字。大きな 頭を した 人で ある あにを あらわした 字。

読み方
(ケイ)
キョウ
あに

いみ
・年上の 男の きょうだい

5画
兄 兄 兄 兄 兄

れんしゅう
はねる
兄
兄

1 「兄」を 書(か)きましょう。

(あに)□と あそぶ。

やさしい (あに)□。

(あに)□の かばん。

三人 (きょう)□(だい)弟。

2 読(よ)みがなを 書きましょう。

兄(　　)と あそぶ。

やさしい 兄(　　)。

兄(　　)の かばん。

三人兄弟(　　)。

弟

なりたち
ぼうに からまった つる草に、「ノ」の しるしを つけて、ひくい ことを あらわし、兄(あに)より せの ひくい おとうとを あらわす。

読み方
(テイ)
ダイ
(デ)
おとうと

いみ
・年下の 男の きょうだい

7画
弟 弟 弟 弟 弟 弟 弟

れんしゅう
つき出さない
はねる
弟
弟

1 「弟」を 書きましょう。

五才(ごさい)の (おとうと)□。

兄(あに)と (おとうと)□。

(おとうと)□の おもちゃ。

(きょう)兄(だい)□ げんか。

2 読みがなを 書きましょう。

五才の 弟(　　)。

兄と 弟(　　)。

弟(　　)の おもちゃ。

兄弟(　　)げんか。

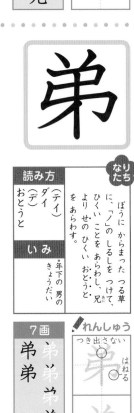

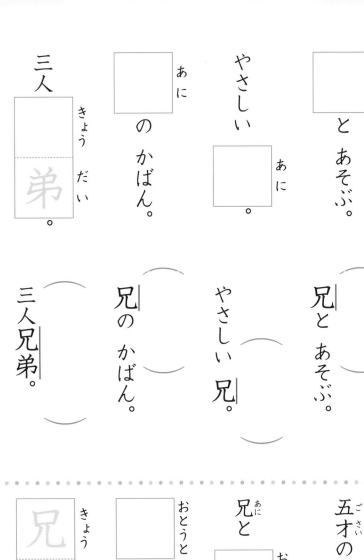

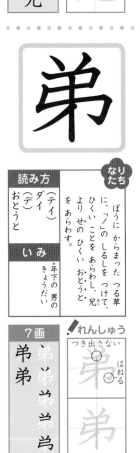

親

なりたち
「亲（はものを 木に つけて 切る）」と「見（みぢかに みる）」を 合わせた 字。みぢかに いて 心が ふれ合う したしい 人の こと。

読み方
シン
おや
したしい
したしむ

いみ
・ちちや はは
・なかが よい

16画
丶 亠 亠 亣 立 辛 亲 新 親 親 親 親

れんしゅう
親 （はねる）
親

1 「親」を 書き（か）ましょう。

犬の □（おや）子。

□（した）しい 友（とも）だち。

□切（しんせつ）。

□友（しんゆう）。（なかの よい ともだち）

2 読（よ）みがなを 書きましょう。

犬の 親子。（　　　）

親しい 友だち。（　　　）

親切な 人。（　　　）

親友に なる。（　　　）

友

なりたち
二人（ふたり）の 人が 手を さし出して、かばいあう ようすを えがいた 字。たがいに たすけ合（あ）う ともだちの ことを あらわす。

読み方
ユウ
とも

いみ
・ともだち
・なかが よい

4画
一 ナ 方 友

れんしゅう
友 （つき出す）
友

1 「友」を 書きましょう。

□（とも）だちに なる。

□（とも）だちの 家（いえ）。

兄（あに）の □人（ゆうじん）。

親□（しんゆう）。

2 読みがなを 書きましょう。

友だちに なる。（　　　）

友だちの 家。（　　　）

兄の 友人。（　　　）

親友と あそぶ。（　　　）

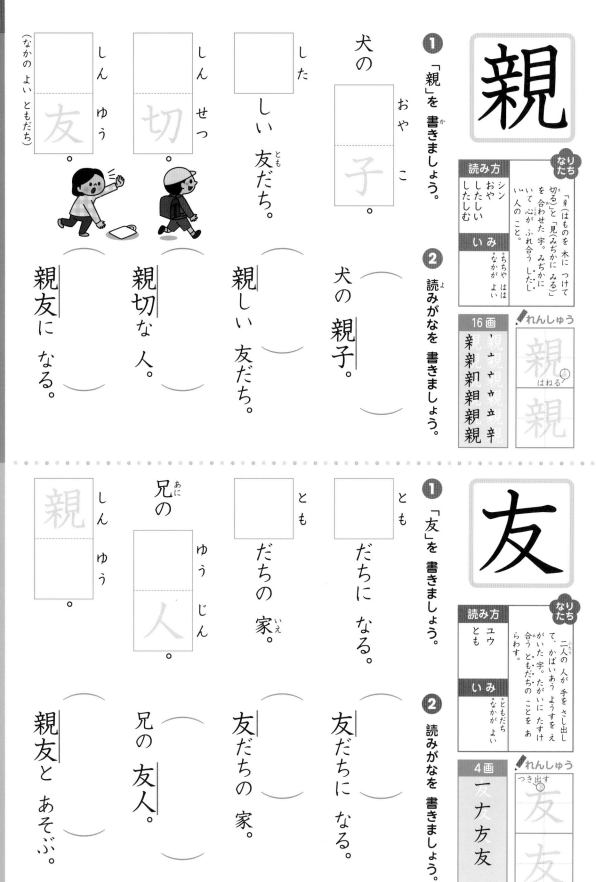

自

なりたち

鼻（はな）の 形（かたち）を えがいた 字。「わたしが」と いう ときに じぶんの 鼻を ゆびさす ことから、じぶんの ことを あらわすように、なった。

読み方
ジ シ みずから

いみ
●じぶん ●おもいのまま

6画

自

れんしゅう

左下へ

1 「自」を 書（か）きましょう。

じぶん：□分。

じ：□由（ゆう）な 時間（じかん）。

ゆたかな し：□ぜん。

みずか：□らの 力。（じぶんの 力）

2 読（よ）みがなを 書きましょう。

自分の 名前（なまえ）。（　　）

自由（ゆう）な 時間。（　　）

ゆたかな 自ぜん。（　　）

自らの 力。（　　）

ちゅういする 書（か）きじゅん

37ページの 「友」と いう 字の 書きじゅんを 見て みましょう。一画目（いっかくめ）は、よこの ぼうですね。

それでは、「右」と 「左」の 書きじゅんは、どうでしょうか。

右→ノ→ナ→右

左→一→ナ→左

形（かたち）は にて いても、書きじゅんが ちがう かん字が あります。ちゅういしましょう。

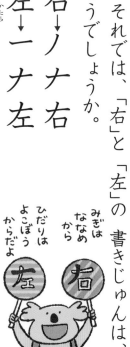

みぎは ななめから
ひだりは よこぼうからだよ
右
左

かん字の 音（おん）と くん

かん字は、むかし、中国（ちゅうごく）から つたえられました。中国で つかわれて いた 読（よ）み方（かた）が 「音（おん）」です。日本に もともと あった ことばを かん字に 当（あ）てた 読み方が 「くん」です。

ドリル

1つ・5点
点

1 ―線の かん字の 読みがなを 書きましょう。

① 五才の 弟。（　）
② 犬の 親子。（　）
③ 友だちの 家。（　）
④ 自由な 時間。（　）
⑤ 三人兄弟。（　）
⑥ 親しく なる。（　）
⑦ 自ぜん。（　）
⑧ 自分の もちもの。（　）
⑨ 兄と あそぶ。（　）
⑩ 親友に なる。（　）

2 読みがなに あう かん字を 書きましょう。

① □□（じぶん）。
② 学校の □（とも）だち。
③ やさしい □（あに）。
④ 馬の □□（おやこ）。
⑤ □（おとうと）と あそぶ。
⑥ □□（しんせつ）な 人。
⑦ □（し）ぜん。
⑧ □□（しんゆう）に なる。
⑨ □□（きょうだい）。
⑩ （したしい）人。

6 体(からだ)の ぶぶんを あらわす かん字

体・毛・首・頭・顔

◎体(からだ)の ぶぶんを あらわす かん字には、つぎの ような ものが あるよ。

※①は 一年生で ならう かん字

体

読み方	いみ
タイ (テイ) からだ	•からだ •かたち

なりたち もとの 字は、「體」。「骨(ほね)」と「豊(きちんと ならぶ)」を 合(あ)わせた 字。ほねが きちんと ならぶ からだの ことを あらわす。

7画 体体 亻 仁 什 休 体

れんしゅう 体 体 (はねない)

1 「体」を 書(か)きましょう。

□(からだ)を うごかす。

□(たい)育(いく)の 時間(じかん)。

□(たい)重(じゅう)が ふえる。

2 読(よ)みがなを 書きましょう。

体(　　)を うごかす。

体(　　)育(いく)の 時間。

体(　　)重(じゅう)が ふえる。

毛

なりたち
毛
ぴんと はねた どうぶつの しっぽの けを えがいた 字。

読み方
モウ
け

いみ
・人や どうぶつの け

4画　毛 二 三 毛

れんしゅう
はねる

1 「毛」を 書きましょう。

かみの □（け）。

□糸（けいと）。

□（もう）ふを かける。

羊（よう）□（もう）の ふく。
（ひつじの けで つくった ふく）

2 読みがなを 書きましょう。

かみの毛（　　）。

毛糸（　　）を あむ。

毛（　　）ふを かける。

羊毛（　　）の ふく。

首

なりたち
かみのけが 生えて いる 人の くびを えがいた 字。体の いちばん 上なので、いちばん 上、はじめの いみも ある。

読み方
シュ
くび

いみ
・くびや あたま
・いちばん 上

9画

れんしゅう
むきに ちゅうい

1 「首」を 書きましょう。

きりんの □（くび）。

□（くび）を ふる。

足□（あし くび）。

日本の □（しゅ）都（と）。
（日本の せいふが ある とし。とうきょう）

2 読みがなを 書きましょう。

きりんの 首（　　）。

首（　　）を ふる。

足首（　　）の けが。

日本の 首都（　　）。

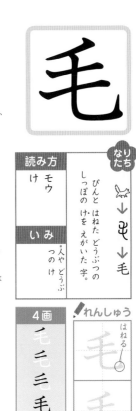

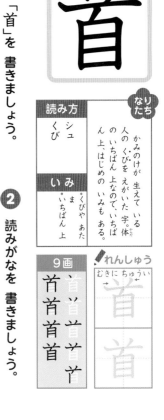

頭

なりたち

「豆(あしの ついた 台)」と「頁(あたま)」を 合わせた 字。台のように、体の 上に まっすぐ 立って いる あたまの ことを あらわす。

読み方

トウ・ズ
(ト)
あたま
(かしら)

いみ

●あたま
●はじめ

16画

れんしゅう　右上へ

1 「頭」を 書きましょう。

（あたま）□を なでる。

（あたま）□が いたい。

（せんとう）先□の 人。

（ずじょう）□上。（あたまの 上の ほう）

2 読みがなを 書きましょう。

頭を なでる。（　　）

頭が いたい。（　　）

先頭の 人。（　　）

頭上の えだ。（　　）

顔

なりたち

「彦(ひたいが すっきりした うつくしい 男)」と「頁(あたま)」を 合わせた 字。もとは、きりっと した うつくしい かおの ことを いった。

読み方

ガン
かお

いみ

●かおや かおの ようす

18画

れんしゅう　とめる

1 「顔」を 書きましょう。

（かお）□を あらう。

（かお）□を 合わせる。

（かおいろ）□色。

（せんがん）せん□する。（かおを あらう）

2 読みがなを 書きましょう。

顔を あらう。（　　）

顔を 合わせる。（　　）

顔色が わるい。（　　）

せん顔する。（　　）

ドリル

1つ・5点

点

1 ―線(せん)の かん字の 読(よ)みがなを 書(か)きましょう。

① 体を うごかす。（　）

② 毛糸を あむ。（　）

③ 首を ふる。（　）

④ 頭が いたい。（　）

⑤ 毛ふを かける。（　）

⑥ 体育(いく)の 時間(じかん)。（　）

⑦ 顔色が わるい。（　）

⑧ 日本の 首都(と)。（　）

⑨ 先頭の 人。（　）

⑩ せん顔する。（　）

2 読みがなに あう かん字を 書きましょう。

① かみの □(け)。

② □(かお)を あらう。

③ つよい □(からだ)。

④ □(あたま)を なでる。

⑤ □(もう)ふ。

⑥ □(たい)重(じゅう)が ふえる。

⑦ □(かお)色(いろ)。

⑧ □□(あしくび)の けが。

⑨ □(たい)育(いく)。

⑩ □□(せんとう)に 立つ。

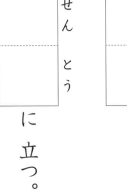

まとめドリル

点

1つ・5点

1 読(よ)みがなに あう かん字を 書(か)きましょう。

① □（ちち）の 声(こえ)。

② □（あに）の つくえ。

③ □（はは）に 話(はな)す。

④ □（おとうと）と あそぶ。

⑤ □（あね）の かさ。

⑥ □（いもうと）の 人形(にんぎょう)。

⑦ □（じ）分(ぶん)の 名前(なまえ)。

⑧ □（とも）だちの 家(いえ)。

⑨ □（あたま）を なでる。

⑩ □（した）しい 人。

2 読みがなに あう かん字を 書きましょう。

① □（たい）育(いく)の 時間(じかん)。

② □□（せん とう）の 人。

③ □□（あし くび）。

④ 馬(うま)の □□（おや こ）。

⑤ □□（ふ ぼ）の 会(かい)。

⑥ 三人 □□（きょう だい）。

⑦ □□（ず じょう）。

⑧ □□（しん ゆう）に なる。

⑨ □色（かお いろ）。

⑩ □□（け いと）。

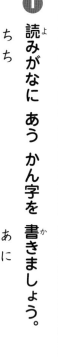

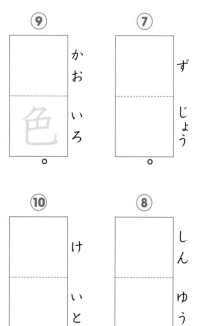

7 色(いろ)や 名(な)前(まえ)を あらわす かん字

色・茶・黄・黒・弓・戸・台

◎色(いろ)を あらわす かん字を まとめて おぼえよう。また、左の ものの 名(な)前(まえ)を あらわす かん字も おぼえよう。

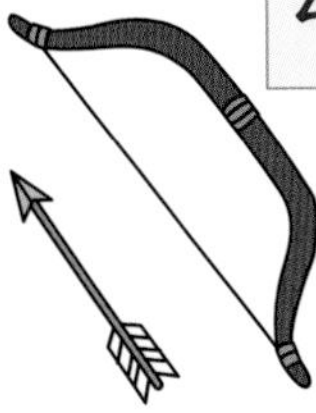

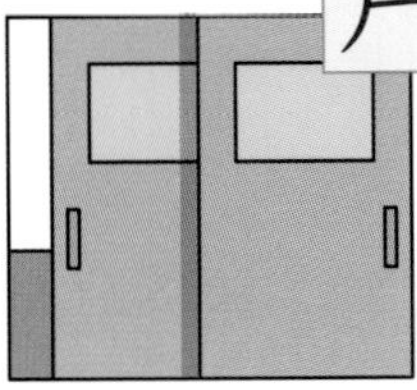

※①は 一年生で ならう かん字

色

読み方	いみ
ショク シキ いろ	・いろ ・ようす

なりたち 男の 人と 女の 人が 組(く)み合(あ)う ようすを あらわした 字。女の 人の うつくしい かおいろや ようすの ことから、いろの いみに なった。

6画 色 色色色色色色

れんしゅう 色 はねる 色

1 「色」を 書(か)きましょう。

赤い［　］(いろ)。

二(に)［　］(しょく)で かく。

［　］(しき)［紙］(し)の 絵(え)。

（うたや えなどを かく 四かくくて あつみの ある かみ）

2 読(よ)みがなを 書きましょう。

赤い 色（　）の 花。

二色（　）で かく。

色紙（　）の 絵。

※「いろがみ」とも 読むが、べつの いみに なる。

茶

なりたち
「艹(くさ)」と「余(のばして ゆったり させる)」を 合(あ)わせ、のめば 体(からだ)が ゆったりする おちゃを あらわす。

読み方	いみ
チャ (サ)	・おちゃ ・ちゃいろ

れんしゅう 「木」と しない

9画

1 「茶」を 書(か)きましょう。

お□(ちゃ)。

□(ちゃ)□(いろ)色。

□(ちゃ)わんを あらう。

2 読(よ)みがなを 書きましょう。

お茶( )を のむ。 茶色( )の 犬。

茶( )わんを あらう。

黄

なりたち
→ 黄
先に 火を つけた 矢(や)の 形(かたち)を えがき、火の きいろを あらわす。

読み方	いみ
オウ (コウ) き・(こ)	・きいろ

れんしゅう つき出す

11画

1 「黄」を 書きましょう。

□(き)□(いろ)色。

□(き)み。(たまごの きいろい ぶぶん)

□(おう)□(ごん)金の メダル。

2 読みがなを 書きましょう。

黄色( )の 花。 黄( )みと 白み。

黄金( )の メダル。

黒

なりたち
かまどの 火が もえて、くろい すすが ついた ようすを えがいた 字。すすが くろいので、くろい ことを あらわす。

読み方	いみ
コク くろ くろい	・くろ ・くろい

れんしゅう てんに ちゅうい

11画

1 「黒」を 書きましょう。

白と □(くろ)。

□(くろ)い 虫。

教室(きょうしつ)の □(こく)板(ばん)。

2 読みがなを 書きましょう。

白と 黒( )。 黒( )い 虫。

教室の 黒( )板(ばん)。

ドリル

1つ・5点

点

1 ―線(せん)の かん字の 読(よ)みがなを 書(か)きましょう。

① きれいな 色。（　　）

② 黒い ランドセル。（　　）

③ あつい お茶。（　　）

④ 黄色の 花。（　　）

⑤ 白と 黒。（　　）

⑥ 二(に)色の 絵(え)のぐ。（　　）

⑦ 黄金の メダル。（　　）

⑧ 茶色の 犬。（　　）

⑨ 色紙の ことば。（　　）

⑩ 教室(きょうしつ)の 黒板(ばん)。（　　）

2 読みがなに あう かん字を 書きましょう。

① 白と □(くろ)。

② □(いろ)を ぬる。

③ □(ちゃ)わん。

④ □□(きいろ)の 花。

⑤ □(こく)板(ばん)を ふく。

⑥ 三(さん)□(しょく)で ぬる。

⑦ □□(ちゃいろ)。

⑧ □□(おうごん)の うでわ。

⑨ □紙(しきし)。

⑩ 〔(くろ)い〕くつ。

弓

読み方	なりたち
（キュウ） ゆみ	ゆみの 形（かたち）を えがいた 字。
いみ	
やを いる ぶき	

3画

れんしゅう（はねる）

❶「弓」を 書きましょう。

ゆみ □ を 引（ひ）く。

ゆみ □ なりの 形（かたち）。

ゆみ □ や 矢。

ゆみ □ がた 形 の 月。

❷ 読みがなを 書きましょう。

弓（　　）を 引く。

弓（　　）なりの 形。

おもちゃの 弓矢（　　）。

弓形（　　）の 月。

※「きゅうけい」とも 読むが、「きゅう」は 小学校で ならわない 読み方。

ものの 形（かたち）から できた かん字

上の「弓（ゆみ）」は、弓の 形（かたち）を えがいた 字です。このように、ものの 形を かたどって できた かん字が あります。

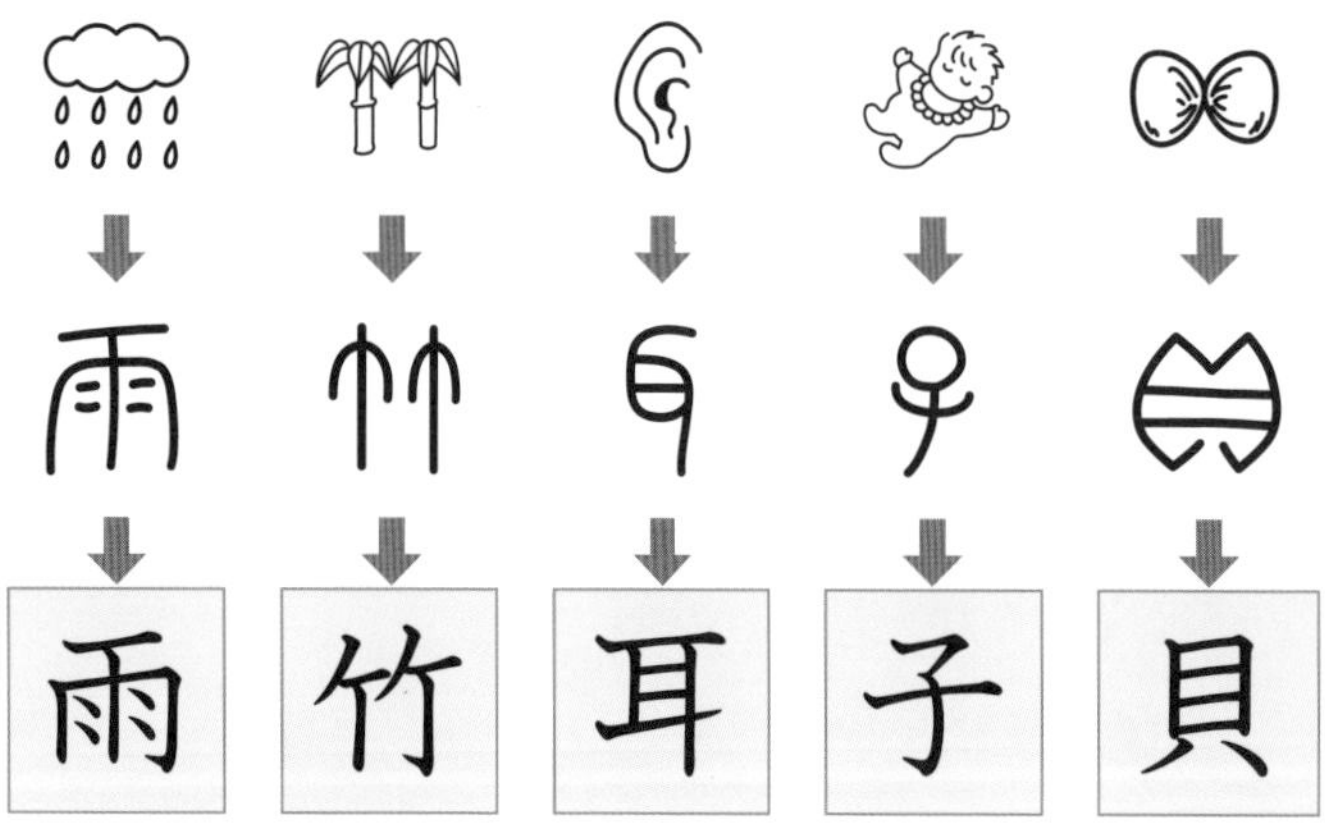

「牛・馬・魚・鳥・羽・角・毛」なども、ものの 形を かたどって できた かん字だよ。

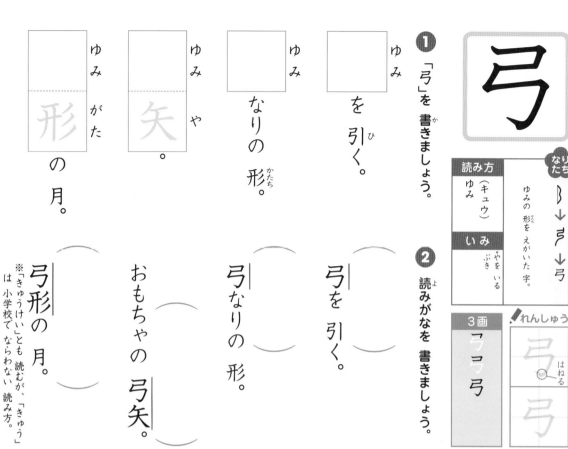

戸

なりたち
門→戸→戸
左右に ひらく 二まいの とびらの 左がわを えがいた 字。

読み方	いみ
コ と	・とびら ・いえ

4画
戸 戸 戸 戸

れんしゅう
はらう

❶ 「戸」を 書きましょう。

［　］(と)を あける。

［雨］［　］(あま ど)。

［　］［外］(こ がい)。
（いえの そと）

一［　］(いっこ)だての 家(いえ)。
（アパートなどではない、一けんの家）

❷ 読みがなを 書きましょう。

戸（　　）を あける。

雨戸（　　）を しめる。

戸外（　　）で あそぶ。

一戸（　　）だての 家。

台

なりたち
もとの 字は「臺」。「土」「高」を かんたんに した 字「至」を 合わせた 字。土を 高(たか)く もり上げた 見はらし・だいを あらわした 字。

読み方	いみ
ダイ タイ	・ものを のせる だい ・たかい ところ

5画
台 台 台 台 台

れんしゅう
おる

❶ 「台」を 書きましょう。

テレビの ［　］(だい)。

二(に)［　］(だい)の 車。

［高］［　］(たか だい)の 家。
（まわりより すこし たかい ところに ある 家）

［　］［風］(たい ふう)。

❷ 読みがなを 書きましょう。

テレビの 台（　　）。

二台（　　）の 車。

高台（　　）の 家。

台風（　　）が 来(く)る。

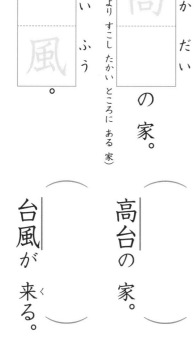

ドリル

□点
1つ・5点

❶ ―線(せん)の かん字の 読(よ)みがなを 書(か)きましょう。

① __戸__を あける。（　　）

② テレビの __台__。（　　）

③ __弓__を 引(ひ)く。（　　）

④ 一(いっ)__戸__だての 家(いえ)。（　　）

⑤ __台風__が 来(く)る。（　　）

⑥ おもちゃの __弓矢__。（　　）

⑦ __雨戸__を しめる。（　　）

⑧ __高台__の 家。（　　）

⑨ __弓形__の 月。（　　）

⑩ __戸外__で あそぶ。（　　）

❷ 読みがなに あう かん字を 書きましょう。

① 二(に)［だい］の 車。

② ［ゆみ］を 引く。

③ ［と］を あける。

④ テレビの ［だい］。

⑤ ［あま｜ど］。

⑥ 一［こ］だての 家。

⑦ ［たい｜ふう］。

⑧ ［ゆみ］なりの 形(かたち)。

⑨ ［ゆみ｜矢(や)］。

⑩ ［高(たか)｜だい］の 家。

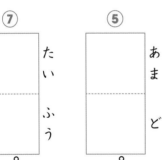

8 町に かんけいの ある かん字

寺・店・家・市・電・公・園・汽・船

寺

読み方　ジ　てら

いみ　•おてら

なりたち　「土(あし)」と「寸(て)」を合わせた字。手や足をつかって よそから 来た 人を とめる やくしょの こと。後に、おてらの いみに なった。

6画　寺（筆順）

れんしゅう　寺（はねる）

1 「寺」を 書きましょう。

お［てら］の かね。

お［てら］まいり。

外国(がいこく)の［じ］院(いん)。（外国の おてら）

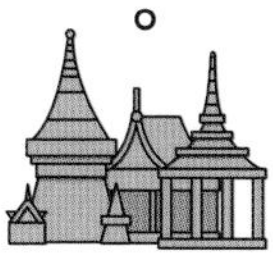

2 読みがなを 書きましょう。

お寺（　）の かね。

お寺（　）まいりの 人。

外国の 寺（　）院(いん)。

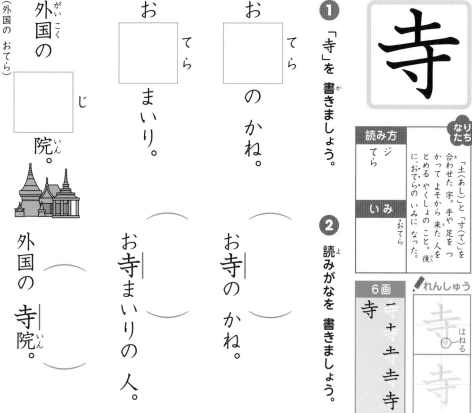

店

なりたち
「广（やね）」と「占（みせを ひらく とき、うらないで 場所(ばしょ)を きめる）」を 合(あ)わせた 字。場所(ばしょ)を きめて しょうばいを する みせの こと。

読み方	いみ
テン みせ	・しなものを うる ところ

8画

れんしゅう　つける

1 「店」を 書(か)きましょう。

近(ちか)くの [　](みせ)。

[　](みせ)先(さき)。

売(ばい)[　](てん)。

書(しょ)[　](てん)。（本やさん）

2 読(よ)みがなを 書きましょう。

近くの 店（　　）。

やおやの 店先（　　）。

えきの 売店（　　）。

えき前(まえ)の 書店（　　）。

家

なりたち
「宀（いえ）」と「豕（ぶた）」を 合(あ)わせた 字。もとは、ぶたを かう たてものを あらわした。

読み方	いみ
カ・ケ いえ や	・人が すむ たてもの ・いっしょに くらす 人

10画

れんしゅう　はねる

1 「家」を 書きましょう。

[　](いえ)に 帰(かえ)る。

一(いっ)けん[　](や)。

四人[　](か)族(ぞく)。

[　](け)来(らい)。

2 読みがなを 書きましょう。

家（　　）に 帰る。

広(ひろ)い 一けん家（　　）。

四人家族(ぞく)（　　）。

王さまの 家来（　　）。

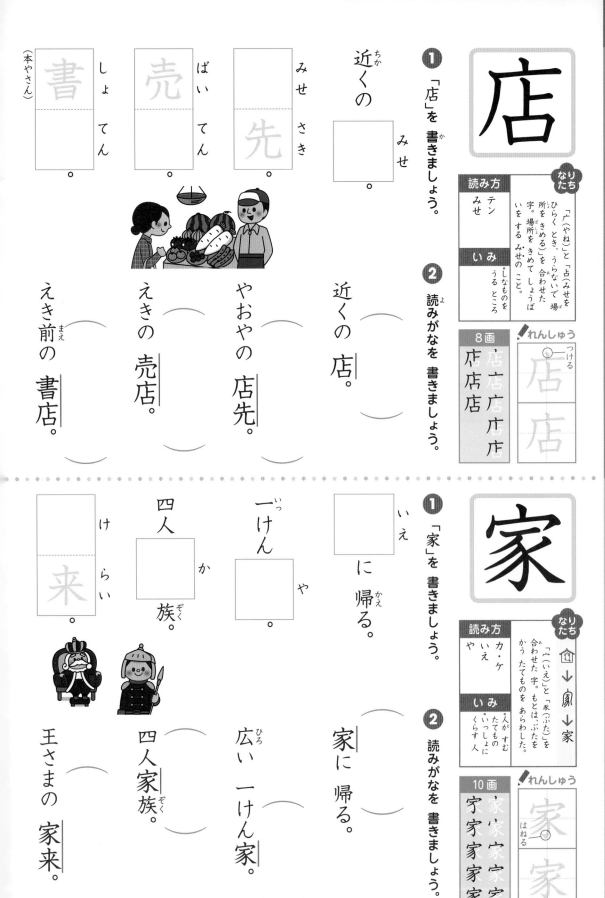

市

なりたち
「平」の 字の かわった 形(かたち)と 「止(とまる)」を 合(あ)わせた 字。人が 足(あし)を 止(と)めて 公平(こうへい)な ねだんで ものを うりかいする いちばを あらわす。

読み方	いみ
シ いち	・いちば ・人が おおく にぎやかな ところ

5画：市 市 市 市 市

れんしゅう：市 市（はねる）

1 「市」を 書(か)きましょう。

［いち］が 立つ。

魚(うお)［いち］場(ば)。

［し］の 体育館(たいいくかん)。

［し］役所(やくしょ)へ 行(い)く。

2 読(よ)みがなを 書きましょう。

市（　）が 立つ。（たくさんの 人が あつまって、ものを うりかいする ところが できる）

魚市場（　）で 買(か)う。

市（　）の 体育館(たいいくかん)。

市（　）役所(やくしょ)へ 行く。

電

なりたち
「雨(あめ)」と 「电(いなびかり)」を 合わせた 字。雨雲(あまぐも)から いなずまが おちる ようす。いなびかりは でん気を おこすので、でん気を あらわす。

読み方	いみ
デン —	・でん気

13画：電 電 電 電 電 電 電 電 電 電 電 電 電

れんしゅう：電 電（はねる）

1 「電」を 書きましょう。

［でん］気(き)。

［でん］話(わ)。

［でん］車(しゃ)。

［でん］線(せん)の 鳥(とり)。

2 読みがなを 書きましょう。

電気（　）を けす。

電話（　）で 話(はな)す。

電車（　）に のる。

電線（　）の 鳥。

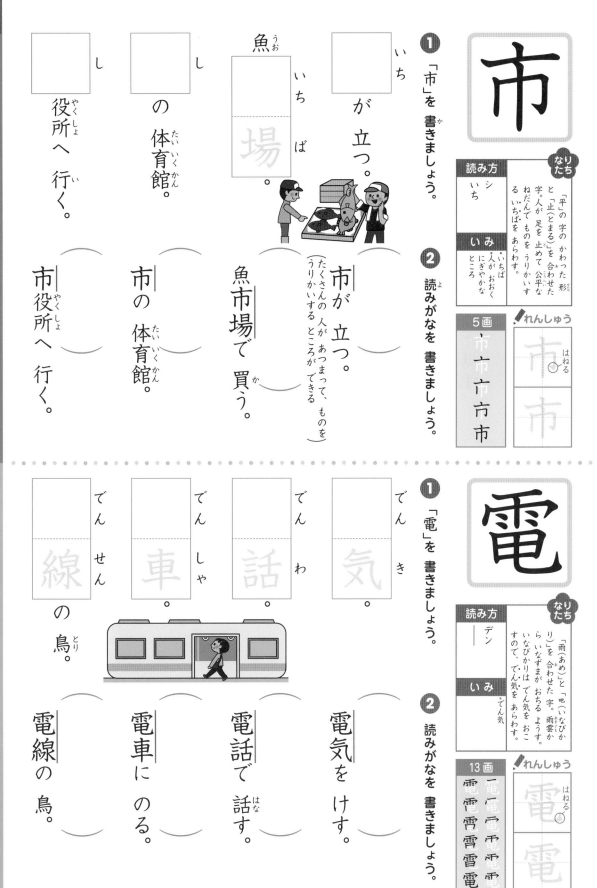

ドリル

点

1つ・5点

❶ ―線の かん字の 読みがなを 書きましょう。

① お寺まいり。（　　）

② やおやの 店先。（　　）

③ 広い 一けん家。（　　）

④ 魚市場へ 行く。（　　）

⑤ えきの 売店。（　　）

⑥ 外国の 寺院。（　　）

⑦ 四人家族。（　　）

⑧ 電話で 話す。（　　）

⑨ 市役所へ 行く。（　　）

⑩ 王さまの 家来。（　　）

❷ 読みがなに あう かん字を 書きましょう。

① □（いえ）に 帰る。

② お□（てら）の かね。

③ □（みせ）に 入る。

④ 魚□□（いち ば）。（場）

⑤ □□（でん しゃ）。

⑥ 外国の □（じ）院。

⑦ □□（しょ てん）。（書）

⑧ □□（でん き）を けす。

⑨ 五人□（か）族。

⑩ □（し）役所へ 行く。

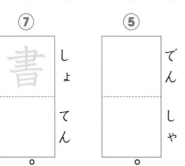

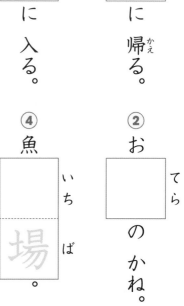

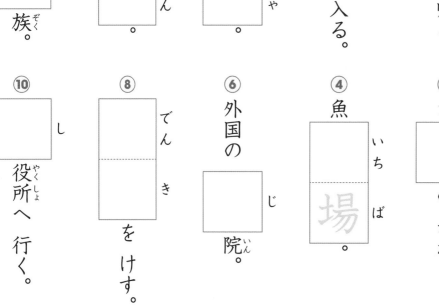

公

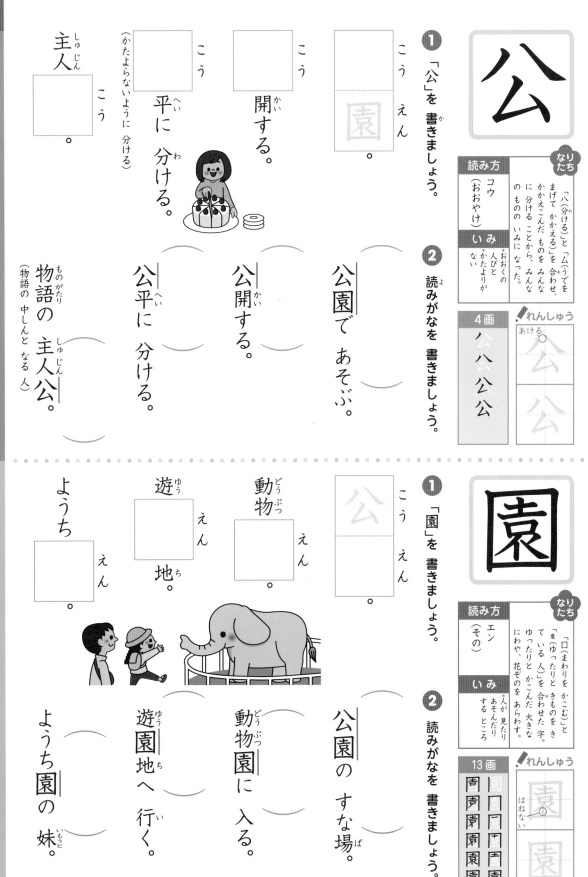

なりたち
「八(分ける)」と「ム(うでを まげて かかえる)」を 合わせ、かかえこんだ ものを みんなに 分ける ことから、みんなの ものの いみに なった。

読み方
コウ
(おおやけ)

いみ
・おおくの 人びと
・かたよりが ない

4画
公 八 公 公 公

れんしゅう
あける
公 公

1 「公」を 書きましょう。

こうえん
□園。

こう
□開する。

こう
□平に 分ける。
(かたよらないように 分ける)

こう
主人□。

2 読みがなを 書きましょう。

公園で あそぶ。( )

公開する。( )

公平に 分ける。( )

物語の 主人公。( )
(物語の 中しんと なる 人)

園

なりたち
「囗(まわりを かこむ)」と「袁(ゆったりと きものを きて いる 人)」を 合わせた 字。ゆったりと かこんだ 大きな にわや、花ぞのを あらわす。

読み方
エン
(その)

いみ
・人が 見たり あそんだり する ところ

13画

れんしゅう
はねない
園 園

1 「園」を 書きましょう。

こうえん
公□。

えん
動物□。

えん
遊□地。

えん
ようち□。

2 読みがなを 書きましょう。

公園の すな場。( )

動物園に 入る。( )

遊園地へ 行く。( )

ようち園の 妹。( )

汽

なりたち
「氵(みず)」と「气(いきや ゆげが 出る ようす)」を 合わせた 字。あつい ゆから 出る ゆげ、じょう気を あらわした 字。

読み方	いみ
キ ―	•水じょう気や ゆげ

7画：汽 汽 汽 汽 汽 汽 汽

れんしゅう：「乚」と しない

1 「汽」を 書きましょう。

- （き しゃ）□車。
- （よ ぎ しゃ）夜□車。
- （き せん）□船。
- （き）□笛が 鳴る。

2 読みがなを 書きましょう。

- 汽車（　　）が 走る。
- 夜汽車（　　）に のる。
- 大きな 汽船（　　）。
- 汽笛（　　）が 鳴る。

船

なりたち
「舟(ふね)」と「㕣(くぼみに そって ながれる)」を 合わせた 字。ながれに そって すすむ ことが できる 大きな ふねの ことを あらわす。

読み方	いみ
セン ふね ふな	•水の 上を すすむ のりもの、ふね

11画：船 船 船 船 船 船 船 船 船 船 船

れんしゅう：はねる

1 「船」を 書きましょう。

- みなとの（ふね）□。
- （ふな）□旅を 楽しむ。
- かもつ（せん）□。
- 青い（ふう せん）風□。

2 読みがなを 書きましょう。

- みなとの 船（　　）。
- 船旅（　　）を 楽しむ。
- かもつ船（　　）。
- 青い 風船（　　）。

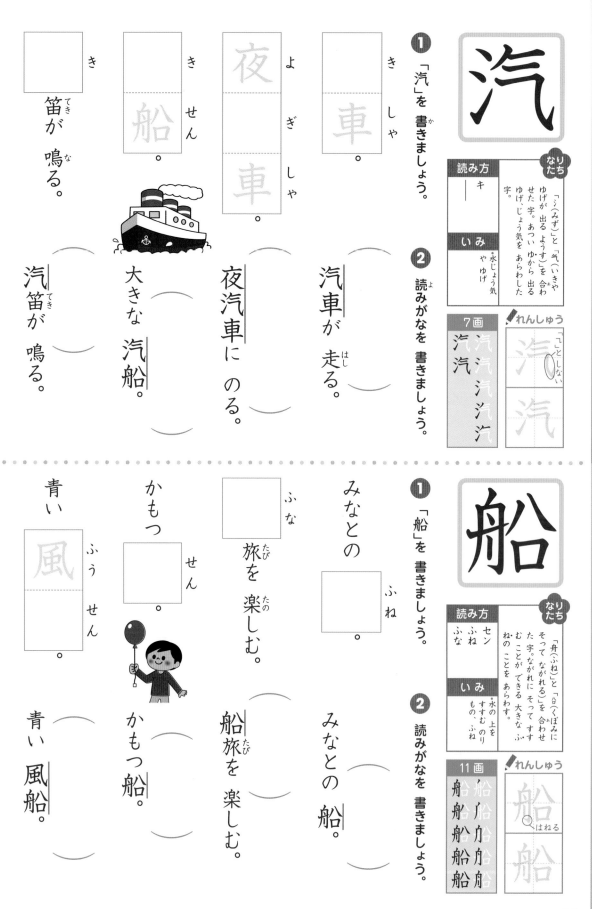

ドリル

点

1つ・5点

1 ―線(せん)の かん字の 読(よ)みがなを 書(か)きましょう。

① みなとの 船。（　　）

② 公園の すな場(ば)。（　　）

③ 公開(かい)する。（　　）

④ 汽車が 走(はし)る。（　　）

⑤ 動物(どうぶつ)園の さる。（　　）

⑥ 船旅(たび)を 楽(たの)しむ。（　　）

⑦ 大きな 汽船。（　　）

⑧ 物語(ものがたり)の 主人(しゅじん)公。（　　）

⑨ 赤い 風船。（　　）

⑩ ようち園。（　　）

2 読みがなに あう かん字を 書きましょう。

① 大きな □（ふね）。

② □□（きしゃ）に のる。

③ 長(なが)い □（ふな）旅(たび)。

④ ようち □（えん）。

⑤ □□（こうえん）の 木。

⑥ □（こう）平(へい)に 分(わ)ける。

⑦ みなとの □□（きせん）。

⑧ 動物(どうぶつ) □（えん）。

⑨ 主人(しゅじん) □（こう）。

⑩ □□（ふうせん）を とばす。

まとめドリル

□点
1つ・5点

1 読(よ)みがなに あう かん字(じ)を 書(か)きましょう。

① 赤い □(いろ)。

② お□(てら)の かね。

③ □(ゆみ)を 引(ひ)く。

④ □(だい)に 上がる。

⑤ □(し)役所(やくしょ)。

⑥ 四人 □(か)族(ぞく)。

⑦ 動物(どうぶつ)□(えん)。

⑧ □(くろ)い くつ。

⑨ □(ふね)に のる。

⑩ □(いえ)で あそぶ。

2 読(よ)みがなに あう かん字(じ)を 書(か)きましょう。

① □□(でんき)を けす。

② □□(むぎちゃ)。

③ □場(いちば)で 買(か)う。

④ □□(たいふう)。

⑤ □□(きしゃ)が 走(はし)る。

⑥ □□(きいろ)。

⑦ □□(あまど)。

⑧ □□(ふうせん)。

⑨ □□(こうえん)の 木。

⑩ □□(みせさき)。

9 学校や 教科に かんけいの ある かん字

教・室・国・語・算・数・理・科・社・会・図・画・工・作・活・書・楽・歌

◎学校や 教科（きょうか）に かんけいの ある かん字を いっしょに おぼえよう。「理科（りか）」や「社会（しゃかい）」は、三年生から 教（おそ）わる 教科（きょうか）だよ。

教

なりたち
「孝（子どもと 大人（おとな）が まじわる ようす）」と「攵（ぼうを もって おしえる ようす）」を 合（あ）わせた 字。先生が 子どもに おしえる ことを あらわす。

読み方
キョウ おしえる おそわる

いみ
・ちしきなどを つたえる

11画
孝 孝 孝 教 教

れんしゅう
教 教（はねる）

1 「教」を 書（か）きましょう。

（きょう）□室（しつ）。

（きょう）□（か）科（しょ）書。

道（みち）を □（おし）える。

先生に □（おそ）わる。

2 読（よ）みがなを 書きましょう。

教室（　　）に 入る。

国語（こくご）の 教科書（　　）。

道を 教（　　）える。

先生に 教（　　）わる。

室

なりたち
「宀（いえ）」と「至（矢（や）が つきささって 行（い）き止（ど）まる）」を 合（あ）わせた 字。家の 中の いちばん おくの へやの ことを あらわす。

読み方
シツ （むろ）

いみ
・へや

9画
宀 宀 宀 室 室 室 室 室 室

れんしゅう
室（ながく） 室

1 「室」を 書きましょう。

（きょう）教□（しつ）。

□（しつ）内（ない）。

音楽（おんがく）□（しつ）に 入る。

ほけん□（しつ）。

2 読みがなを 書きましょう。

教室（　　）の そうじ。

室内（　　）の 空気。

音楽室（　　）に 入る。

ほけん室（　　）。

国

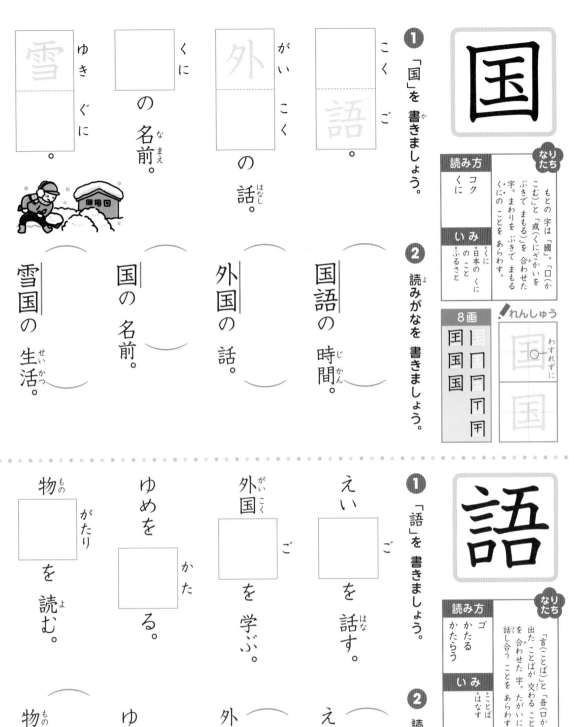

なりたち
もとの 字は「國」。「口（かこむ）」と「或（くにざかいを ぶきで まもる）」を 合わせた 字。まわりを ぶきで まもる くにの ことを あらわす。

読み方
コク
くに

いみ
・くに
・日本の くにの こと
・ふるさと

8画
丨 冂 冂 冂 冃 国 国 国

れんしゅう
国（わすれずに）
国

1 「国」を 書きましょう。

こく [　　]（語）ご。

がい 外 こく [　　] の 話（はなし）。

くに [　　] の 名前（なまえ）。

ゆき 雪 ぐに [　　]。

2 読みがなを 書きましょう。

国語（　　）の 時間（じかん）。

外国（　　）の 話。

国（　　）の 名前。

雪国（　　）の 生活（せいかつ）。

語

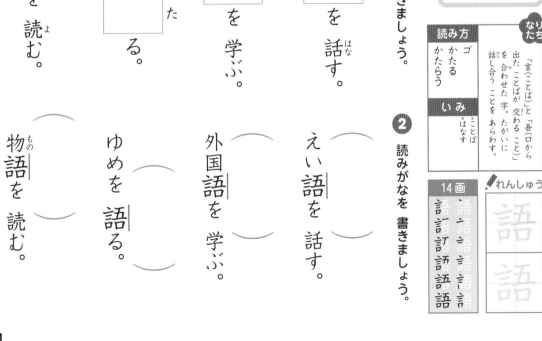

なりたち
「言（ことば）」と「吾（口から 出た ことばが 交（まじ）わる こと）」を 合わせた 字。たがいに 話（はな）し合う ことを あらわす。

読み方
ゴ
かたる
かたらう

いみ
・ことば
・はなす

14画
語 語 語 語 語 語 語 語 語 語 語 語 語 語

れんしゅう
語
語

1 「語」を 書きましょう。

えい [　　]（ご）を 話（はな）す。

外国（がいこく） [　　]（ご）を 学ぶ。

ゆめを [　　]（かた）る。

物（もの） [　　]（がたり）を 読（よ）む。

2 読みがなを 書きましょう。

えい語（　　）を 話す。

外国語（　　）を 学ぶ。

ゆめを 語（　　）る。

物（もの）語（　　）を 読む。

算

なりたち
「竹(たけ)」と「具(両手で そろえる)」を 合わせた 字。竹の ぼうを 何本も あつめて、両手で かぞえる ことを あらわした 字。

読み方	いみ
サン	●かずを かぞえる

14画

れんしゅう（はらう）

1 「算」を 書きましょう。

□（さん）数（すう）。

お金の 計（けい）□（さん）。

たし□（ざん）の 答（こた）え。

かけ□（ざん）の 九九（くく）。

2 読みがなを 書きましょう。

算数（　　）の テスト。

お金の 計算（　　）。

たし算（　　）の 答え。

かけ算（　　）の 九九。

数

なりたち
もとの 字は「數」。「婁(女の 人が 貝を ひもで 通した ものを かぞえて いる)」と「攵(どうさ)」を 合わせ、かぞえる ことを あらわす。

読み方	いみ
スウ・(ス) かず かぞえる	●ものの おおい すくない ●かぞえる

13画

れんしゅう（はらう）

1 「数」を 書きましょう。

□（すう）字（じ）。

人（にん）□（ずう）。

鳥（とり）の □（かず）。

車を □（かぞ）える。

2 読みがなを 書きましょう。

数字（　　）を 書（か）く。

チームの 人数（　　）。
※「にんず」とも 読む。

鳥の 数（　　）。

車を 数（　　）える。

ドリル

点

1つ・5点

1 —線(せん)の かん字の 読(よ)みがなを 書(か)きましょう。

① 教室（　　）の まど。

② 国語（　　）の 時間(じかん)。

③ 算数（　　）の テスト。

④ 図書(としょ)室（　　）の 本。

⑤ 雪国（　　）の 生活(せいかつ)。

⑥ 車の 数（　　）。

⑦ 先生に 教（　　）わる。

⑧ 物(もの)語（　　）を 読(よ)む。

⑨ かけ算（　　）の 九九(くく)。

⑩ 数字（　　）を ならう。

2 読みがなに あう かん字を 書きましょう。

① たし［　］（ざん）。

② 女子の［　　］（にんずう）。

③ 音楽(おんがく)［　］（しつ）。

④ お金の［計　］（けいさん）。

⑤ ［　　］（こくご）。

⑥ 道(みち)を［　］（おし）える。

⑦ ［　　］（きょうしつ）。

⑧ 百まで［　］（かぞ）える。

⑨ ［　　］（さんすう）。

⑩ ゆめを［　］（かた）る。

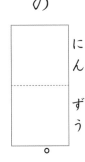

理

なりたち
「里（すじみちが 通って いる 土地）」と「王（すじの ある たま）」を 合わせた 字。ものごとの すじみちを つける ことを あらわす。

読み方
リ
いみ
●ととのえる ●ものごとの すじみち

11画

れんしゅう（右上へ）

1 「理」を 書きましょう。

- □（り）科（か）。
- 魚（さかな）の りょう□（り）。
- おくれた □（り）由（ゆう）。
- 本を 整（せい）□（り）する。

2 読（よ）みがなを 書きましょう。

- 理科（　）の じっけん。
- 魚の りょう理（　）。
- おくれた 理（　）由（ゆう）。
- 本を 整（せい）理（　）する。

科

なりたち
「禾（いね）」と「斗（こくもつを はかる ます）」を 合わせた 字。ものの りょうを はかったり、くわけを したり する ことを あらわす。

読み方
カ
いみ
●くわけした ものの 一つ

9画

れんしゅう（はねない）

1 「科」を 書きましょう。

- 教（きょう）□（か）。
- □（か）目（もく）。
- 内（ない）□（か）。
- 百（ひゃっ）□（か）じてん。

2 読みがなを 書きましょう。

- 教科（　）の 名前（なまえ）。
- すきな 科目（　）。
- 内科（　）の いしゃ。
- 百科（　）じてん。

社

なりたち
「ネ(かみさま)」と「土(大地)」を 合わせた 字。大地の かみさまを まつる ところの ことから、人が しごとを する ところを あらわす。

読み方
シャ
やしろ

いみ
・人の あつまり
・よの 中
・おみや

7画
社 ` ラ ネ ネ 社 社

れんしゅう
社 社
上より ながく

1 「社」を 書きましょう。

しゃかい
[　][会]。

父の かいしゃ [会][　]。

近くの 神 じゃ [　]。

やしろ [　] の 森。(じんじゃの 森)

2 読みがなを 書きましょう。

社会の 勉強。(　　)

父の 会社。(　　)

近くの 神社。(　　)

社の 森。(　　)

会

なりたち
もとの 字は「會」。「亼(人が あつまる)」と「曽(せいろうを かさねた ようす)」を 合わせた 字。人が あつまって あう ことを あらわす。

読み方
カイ
(エ)
あう

いみ
・出あう
・よりあつまる こと

6画
会 ノ 人 亽 今 会 会

れんしゅう
会 会
ながく

1 「会」を 書きましょう。

運動 かい [　]。

たいかい [大][　]。

かいじょう [　][場]。

友だちに あ [　] う。

2 読みがなを 書きましょう。

運動会の 日。(　　)

スポーツ大会。(　　)

会場の 入り口。(　　)

友だちに 会う。(　　)

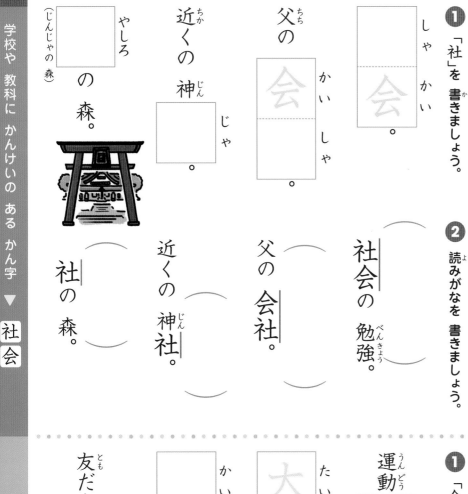

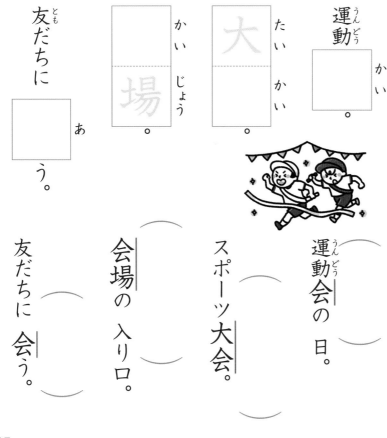

図

なりたち
もとの 字は「圖」。「囗（かこむ）」と「啚（米ぐらの ある 土地）」を 合わせた 字。土地の ことを かいた ちずの ことを あらわす。

読み方
ズ ト （はかる）
いみ
●ものの かたちを かいた もの

7画

れんしゅう （とめる）

1 「図」を 書きましょう。

ずが（□画）工作。

ちず（地□）。

あいず（合□）の 音。

としょ（□書）館。

2 読みがなを 書きましょう。

図画工作。（　　）

地図を 見る。（　　）

合図の 音。（　　）

市の 図書館。（　　）

画

なりたち
もとの 字は「畫」。「聿（筆を もつ ようす）」と「田（田の まわりを 線で くぎる）」を 合わせ、ふでで えがく ことを あらわす。

読み方
ガ カク —
いみ
●え ●はかりごと ●かん字の せんや てん

8画

れんしゅう （つき出さない）

1 「画」を 書きましょう。

まんが（まん□）を 読む。

がようし（□用紙）。

けいかく（計□）。

かくすう（□数）。

（かん字を くみ立てて いる せんや てんの かず）

2 読みがなを 書きましょう。

まん画を 読む。（　　）

白い 画用紙。（　　）

夏休みの 計画。（　　）

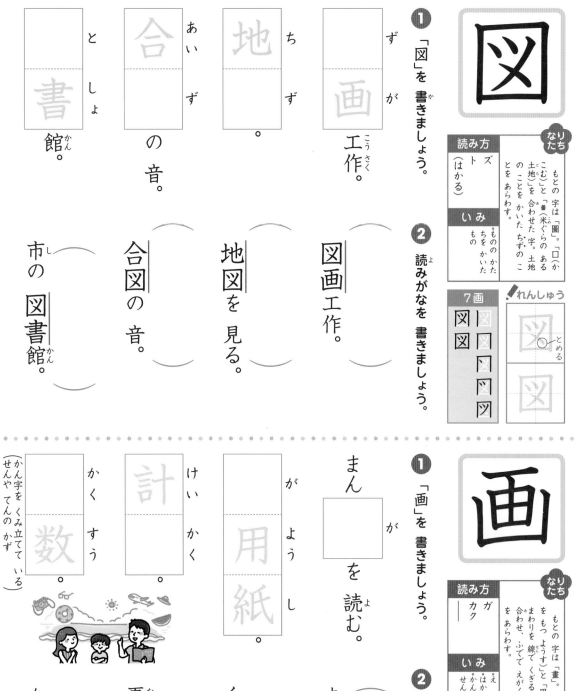

かん字の 画数。（　　）

ドリル

点

1つ・5点

1 ―線の かん字の 読みがなを 書きましょう。

① 図画工作。（　　）

② 理科の じっけん。（　　）

③ 父の 会社。（　　）

④ 合図を おくる。（　　）

⑤ 学校の 図書館。（　　）

⑥ 会場の 入り口。（　　）

⑦ すきな 科目。（　　）

⑧ 夏休みの 計画。（　　）

⑨ 友だちに 会う。（　　）

⑩ 国語の 教科書。（　　）

2 読みがなに あう かん字を 書きましょう。

① りょう［　］（り）。

② ［（地）］［　］（ち　ず）。

③ 運動［　］（かい）。

④ ［　］［　］（ひゃっ　か）じてん。

⑤ ［　］［　］（り　か）。

⑥ ［　］［（用）］［（紙）］（が　よう　し）。

⑦ ［　］［　］（しゃ　かい）。

⑧ スポーツ［　］［　］（たい　かい）。

⑨ ［　］［　］（ず　が）。

⑩ 友だちに［　］（あ）う。

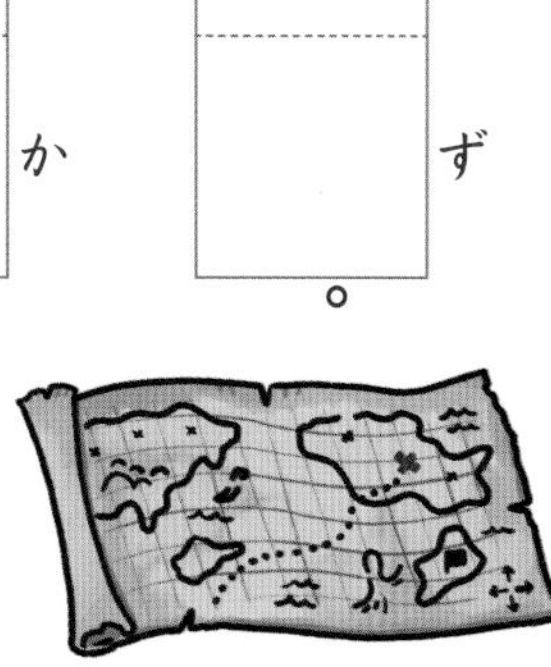

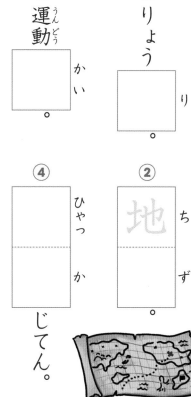

工

なりたち
工 → 工 → 工
上から 下へ あなを 通す（とお）ことを しめした 字。こうさくや しごとを あらわす。

読み方	いみ
コウ ク ―	・どうぐを つかって ものを つくる こと

3画　工 工 工

れんしゅう　上より ながく

❶「工」を 書きましょう。

ずこう　図［　］。

こうさく　［　］作 する。
（「ずが こうさく」を かんたんに した ことば）

こうじょう　［　］場。

だいく　大［　］道具（どうぐ）。

❷ 読み（よ）がなを 書きましょう。

図工（　）の 時間（じかん）。

木で 工作（　）する。

自動車（じどうしゃ）の 工場（　）。

大工（　）道具（どうぐ）。

作

なりたち
「亻(ひと)」と「乍(木に はもので 切（き）れ目を 入れる)」を 合（あ）わせた 字。人が ものを つくって いる ところを あらわした 字。

読み方	いみ
サク サ つくる	・こしらえる ・はたらき

7画　作 作 作 作 作 作 作

れんしゅう　右から

❶「作」を 書きましょう。

はこを つく［　］る。

さくぶん　［　］文。

さく［　］品（ひん）が できる。

細（こま）かい 動（どう）さ［　］。

❷ 読み（よ）がなを 書きましょう。

はこを 作（　）る。

作文（　）を 書（か）く。

作（　）品（ひん）が できる。

細かい 動作（どうさ）（　）。

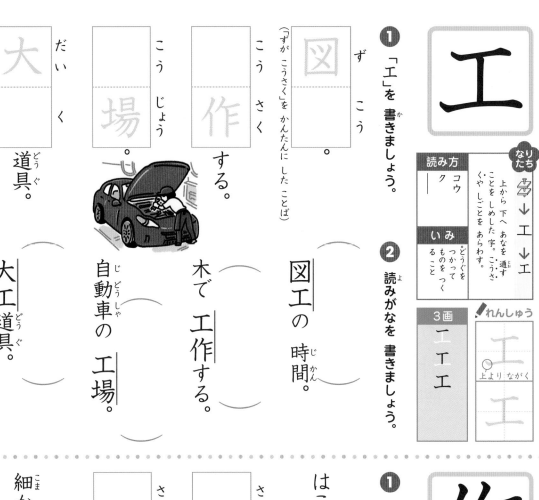

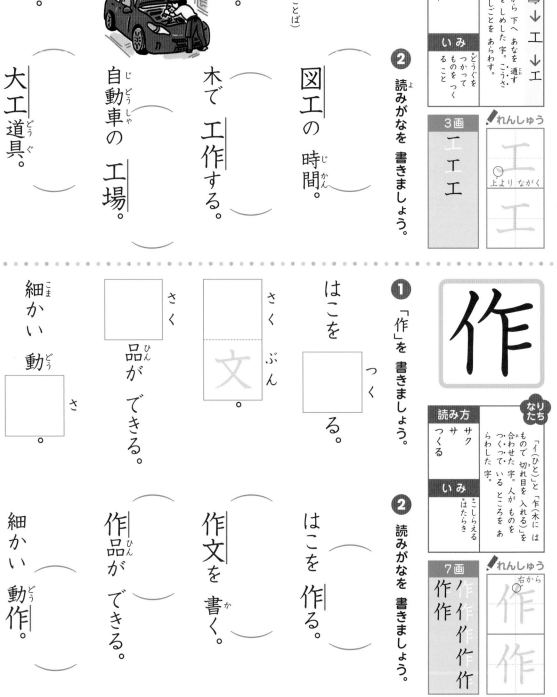

活

なりたち
「氵(みず)」と「舌(水が いきおいよく ながれる 音)」を 合(あ)わせた 字。いきおいよく いきいきして いる ことを あらわす。

読み方
カツ
―

いみ
・いきいきして いる
・いきる

9画
活 活 活 活 活 活 活 活 活

れんしゅう
右から
活 活

1 「活」を 書(か)きましょう。

毎日(まいにち)の [生][　](せいかつ)。

火山の [　](かつ)動(どう)。

[　](かつ)やくした 人。
（とくに はたらきの よかった 人）

[　][気](かっき)が ある。
（いきいきと して いる）

2 読(よ)みがなを 書きましょう。

毎日の 生活。（　　）

火山の 活動(どう)。（　　）

活やくした 人。（　　）

活気が ある。（　　）

書

なりたち
「聿(ふで)」と「日(「者」を しょうりゃくした 字。たきぎを あつめて もやす)」を 合(あ)わせた 字。ふでで まとまった ことを かく こと。

読み方
ショ
かく

いみ
・文字や 文しょうを しるす
・本

10画
書 書 書 書 書 書 書 書 書 書

れんしゅう
つき出す
書 書

1 「書」を 書きましょう。

作文(さくぶん)を [　](か)く。

手紙(てがみ)を [　](か)く。

[読][　](どくしょ)の 秋(あき)。

[図][　](としょ)館(かん)。

2 読みがなを 書きましょう。

作文を 書く。（　　）

手紙を 書く。（　　）

読書の 秋。（　　）

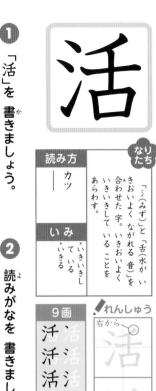

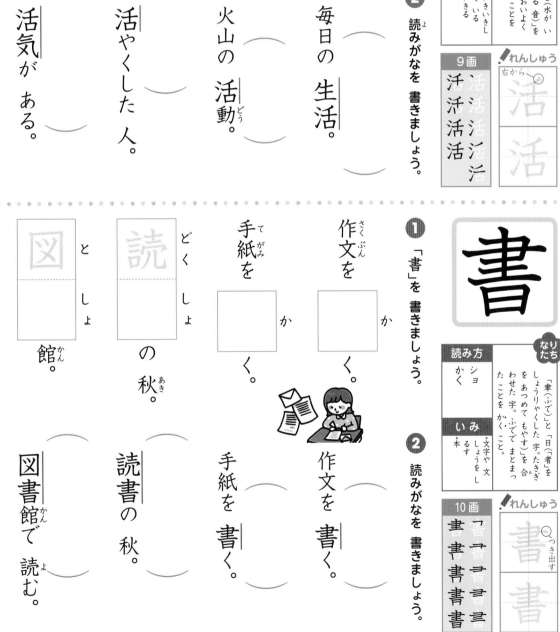

図書館(かん)で 読(よ)む。（　　）

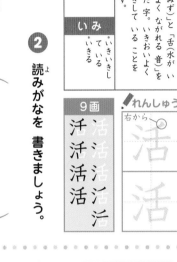

楽

なりたち
くぬぎの 木に まゆが かかって いる ようすを えがいた字。くぬぎの みを 入れて ふると、たのしい 音が する ことから、おんがく の いみに なった。

読み方
ガク
ラク
たのしい
たのしむ

いみ
・うきうきする
・たやすい
・音がく

13画
楽 楽 楽 楽 楽 楽 楽 楽 楽 楽 楽 楽 楽

れんしゅう
てんに ちゅうい
楽
楽

1 「楽」を 書きましょう。

たの□しい 歌（うた）。
おんがく 音□。
がっ□器（き）を ひく。
らく□な 気もち。

2 読みがなを 書きましょう。

（　）楽しい 歌。
（　）音楽の 先生。
（　）楽器（き）を ひく。
（　）楽な 気もち。

歌

なりたち
「哥（のどの ところで いきが まがって 出る）」と「欠（体（からだ）を かがめる）」を 合（あ）わせ、のどから 強（つよ）く いきを 出して うたう ことを あらわす。

読み方
カ
うた
うたう

いみ
・うた、うたう

14画
歌 歌 歌 歌 歌 歌 歌 歌 歌 歌 歌 歌 歌 歌

れんしゅう
歌 はねる
歌

1 「歌」を 書きましょう。

うた□を 口ずさむ。
元気（げんき）に うた□う。
うたごえ □声。
こうか 校□。

2 読みがなを 書きましょう。

（　）歌を 口ずさむ。
元気に（　）歌う。
（　）歌声が ひびく。
（　）校歌を 歌（うた）う。

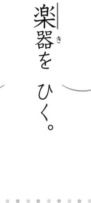

ドリル

点

1つ・5点

1 ―線（せん）の かん字の 読（よ）みがなを 書（か）きましょう。

① 明（あか）るい 歌声。（　　）

② 楽な 気もち。（　　）

③ 工作する。（　　）

④ 音楽の 先生。（　　）

⑤ 読書する。（　　）

⑥ 手紙（てがみ）を 書く。（　　）

⑦ 楽（たの）しい 生活。（　　）

⑧ 校歌を 歌（うた）う。（　　）

⑨ 大工 道具（どうぐ）。（　　）

⑩ はこを 作る。（　　）

2 読みがなに あう かん字を 書きましょう。

① おんがく □。

② 学校の こうか □。

③ ずこう □。

④ 元気（げんき）に 〔うた〕う。

⑤ せいかつ □。

⑥ 〔たの〕しい 思（おも）い出。

⑦ さくぶん □。

⑧ ノートに 〔か〕く。

⑨ どくしょ □（読）。

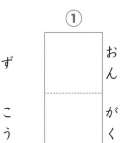

⑩ もけいを 〔つく〕る。

まとめドリル

点

1つ・5点

1 読(よ)みがなに あう かん字を 書(か)きましょう。

① 運動(うんどう)□(かい)。

② □(さく)文(ぶん)の だい。

③ 字を□(か)く。

④ 元気(げんき)に□(うた)う。

⑤ りょう□(り)。

⑥ 大(だい)□(く)道具(どうぐ)。

⑦ 神(じん)□(じゃ)。

⑧ 計(けい)□(かく)を 立てる。

⑨ □(くに)の 名前(なまえ)。

⑩ すきな□(か)目(もく)。

2 読みがなに あう かん字を 書きましょう。

① □□(こくご)。

② □□(さんすう)。

③ □□(きょうしつ)。

④ □□(ずこう)。

⑤ □□(せいかつ)。

⑥ □□(おんがく)。

3 つぎの ことばを かん字と ひらがなで〔 〕に 書きましょう。

① 道(みち)を〔　　〕(おしえる)。

② はこを〔　　〕(つくる)。

③ 〔　　〕(たのしい)一日。

④ 百まで〔　　〕(かぞえる)。

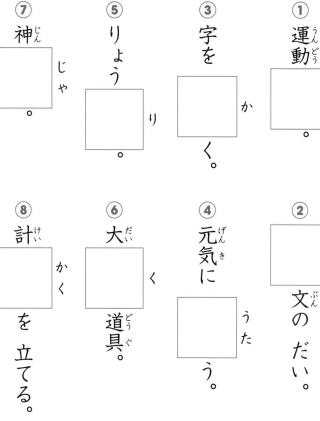

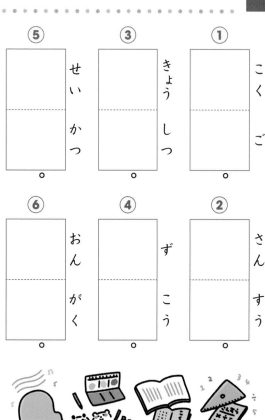

10 「糸（いと・いとへん）」の つく かん字

紙・細・組・絵・線

糸

なりたち

「糸（いと・いとへん）」は、細（ほそ）い いとを たくさん より合（あ）わせた 形（かたち）から できた 字です。

「糸」の つく かん字には、糸や おりものに かんけいの ある ものが あります。

※○数字（すうじ）は ならう 学年

かん字	糸①	紙②	細②	組②	絵②	線②
おもな 読み方	シ いと	シ かみ	サイ ほそい こまかい	ソ くむ くみ	カイ エ	セン

紙

なりたち

「糸（ほそい いと）」と「氏（もの を たいらに のばす 道具（どうぐ））」を 合（あ）わせた 字。木の せんいを 細（ほそ）くして 作（つく）った かみを あらわす。

読み方	いみ
シ かみ	・かみ

10画

紙 紙 紙 紙 紙

れんしゅう

紙（はねる） 紙

1 「紙」を 書（か）きましょう。

（かみ）□に 書（か）く。

手（て）□（がみ）。

新聞（しんぶん）□（し）。

2 読（よ）みがなを 書きましょう。

紙（　）に 書く。

手紙（　）を 出す。

古（ふる）い 新聞紙（　）。

細

なりたち
「糸(ほそい)」と「田(頭(あたま)の ほねが ほそい 線(せん)で つながって 見える ようす)」を 合(あ)わせた 字。ほそい ことを あらわした 字。

読み方
サイ
ほそい
ほそる
こまか
こまかい

いみ
・はばが 小さい
・りょうが わずか

11画
糸 糸 糸 糸 糸 糸 糸 糸 細 細 細

れんしゅう
ひとふでで
細 細

❶ 「細」を 書(か)きましょう。

ほそ□い 糸。

ほそ□長(なが)い。

こま□かい つぶ。

ガラス□(ざい)工(く)。
(手先を つかって つくった こまかい ガラスで できた もの)

❷ 読(よ)みがなを 書きましょう。

細(　)い 糸。

細長(　)い ひも。

細(　)かい つぶ。

ガラス細工(　)。

組

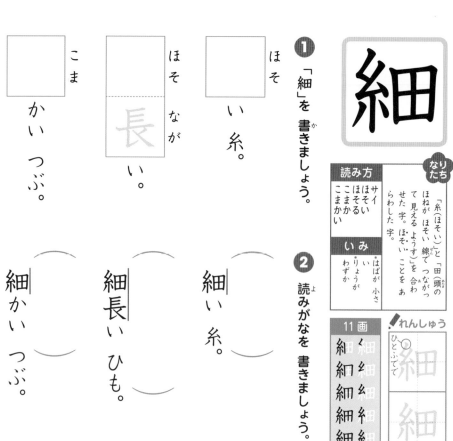

なりたち
「糸(いと)」と「且(かさねる)」を 合わせた 字。糸を より合(あ)わせて あんだ くみひもを あらわす。

読み方
ソ
くむ
くみ

いみ
・からみあわせる
・なかま

11画
糸 糸 糸 糸 糸 糸 糸 糸 組 組 組

れんしゅう
出す
組 組

❶ 「組」を 書きましょう。

うでを □(く)む。

二年一(いち) □(くみ)。

テレビ番(ばん)□(ぐみ)。

会(かい)の □(そ)しき。
(会を はたらかせる ための しくみ)

❷ 読みがなを 書きましょう。

うでを 組(　)む。

二年一組(　)の 教室(きょうしつ)。

テレビ番組(　)。

会の 組(　)しき。

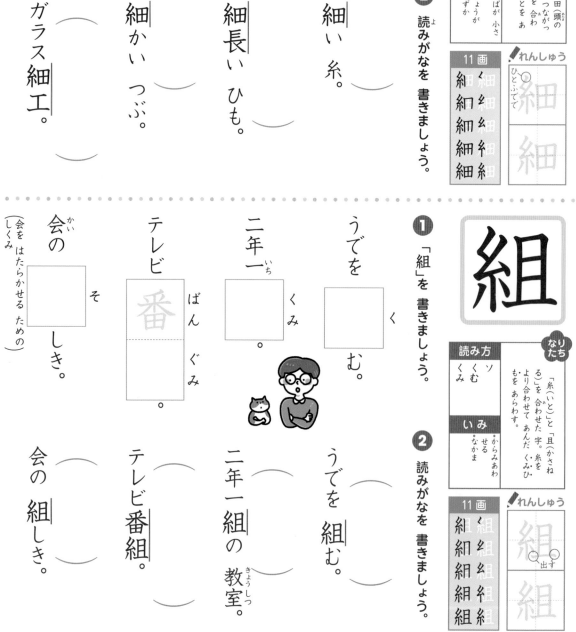

絵

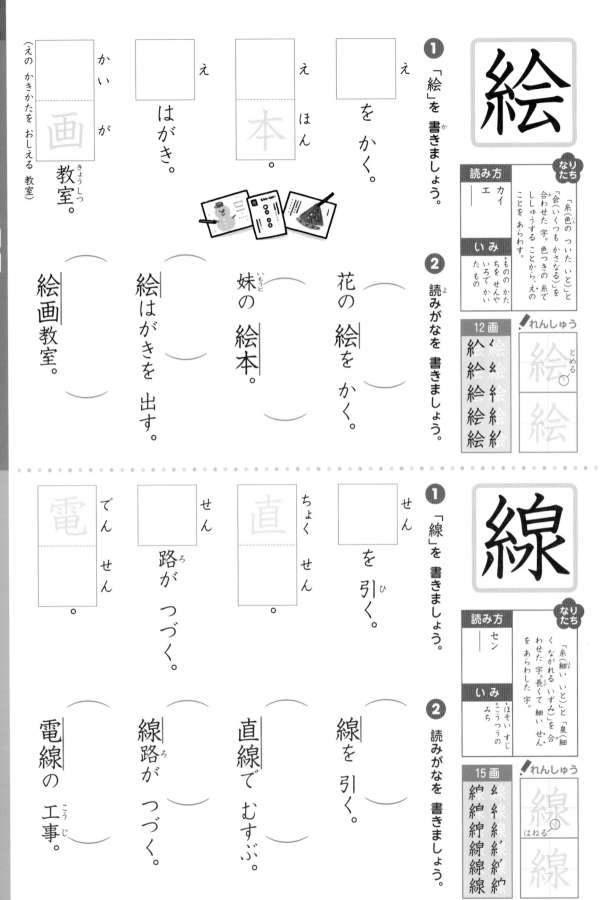

なりたち
「糸(色の ついた いと)」と「会(いくつも かさなる)」を 合わせた 字。色つきの 糸で ししゅうする ことから、え の ことを あらわす。

読み方
カイ
エ

いみ
・ものの かたちを せんや いろで かいた もの

12画
絵 絵 絵 絵 絵 絵 絵 絵 絵 絵 絵 絵

れんしゅう（とめる）

1 「絵」を 書きましょう。

え［　］を かく。

え［　］ほん［本］。

え［　］はがき。

かい［　］が［画］教室。（えの かきかたを おしえる 教室）

2 読みがなを 書きましょう。

花の 絵（　）を かく。

妹の 絵（　）本。

絵（　）はがきを 出す。

絵画（　）教室。

線

なりたち
「糸(細い いと)」と「泉(細く ながれる いずみ)」を 合わせた 字。長くて 細い せんを あらわした 字。

読み方
セン

いみ
・ほそい すじ
・こうつうの みち

15画
線 線 線 線 線 線 線 線 線 線 線 線 線 線 線

れんしゅう（はねる）

1 「線」を 書きましょう。

せん［　］を 引く。

ちょく［直］せん［　］。

せん［　］路が つづく。

でん［電］せん［　］。

2 読みがなを 書きましょう。

線（　）を 引く。

直線（　）で むすぶ。

線路（　）が つづく。

電線（　）の 工事。

ドリル

1つ・5点　　点

1 ――線の かん字の 読みがなを 書きましょう。

① 細長い ひも。（　）
② 大きな 紙。（　）
③ テレビ番組。（　）
④ 電線の 工事。（　）
⑤ ガラス細工。（　）
⑥ 絵はがきを 出す。（　）
⑦ 古い 新聞紙。（　）
⑧ うでを 組む。（　）
⑨ 直線で むすぶ。（　）
⑩ 細かい つぶ。（　）

2 読みがなに あう かん字を 書きましょう。

① □（え）を かく。
② 新聞□（しんぶんし）。
③ □（せん）を 引く。
④ □（せん）路が つづく。
⑤ □□（てがみ）。
⑥ 〔　〕（ほそ）い 糸。
⑦ □□（えほん）。
⑧ 〔　〕（こま）かい つぶ。
⑨ 二年一□（くみ）。
⑩ うでを 〔　〕（く）む。

11 「言（いう・ごんべん）」の つく かん字

言・計・記・話・読

言

なりたち

「言（いう・ごんべん）」は、「辛（するどい はもの）」と「口」とを 合わせて できた 字で、「はぎれよく はなす」と いう いみを あらわします。

「言」の つく かん字には、言う ことや ことばに かんけいの ある ものが 多く あります。

※○数字は ならう 学年

かん字	おもな 読み方
言②	ゲン・ゴン いう こと
計②	ケイ はかる はからう
記②	キ しるす
話②	ワ はなす はなし
語②	→61ページ
読②	ドク・トク トウ よむ

言

なりたち
木を 切る するどい はものと 口を 合わせた 字。ことばを はっきり いう ことから、はっきり はなす ことばの いみに なった。

読み方
ゲン ゴン いう こと

いみ
●ことばに あらわして いう
●ことば

7画
言言言言言言言

れんしゅう
言 言（ながく）

1 「言」を 書きましょう。

おれいを □（い）う。

ひとり□（ごと）。

発□（げん）。（じぶんの かんがえを いう こと）

□（でん）□（ごん）。（人に たのんで、ようけんを つたえる こと）

2 読みがなを 書きましょう。

おれいを 言う。（　）

ひとり言を 言う。（　）（　）

発言。（　）

でん言。（　）

計

なりたち
「言（ことば）」と「十（一つにまとめる）」を合わせた字。たくさんの数を口で数えることから、はかるのいみをあらわす。

読み方
ケイ
はかる
はからう

いみ
・かぞえる
・りょうなどをはかる
・きかい

9画
計計計計計計計計計

れんしゅう
計 計（ながく）

1 「計」を書きましょう。

□算（けいさん）する。

□画（けいかく）。

体温（たいおん）□（けい）。

時間（じかん）を□（はか）る。

2 読みがなを書きましょう。

計算（　）する。

夏休（なつやす）みの計画（　）。

電子体温計（でんしたいおんけい）（　）。

時間を計（　）る。

記

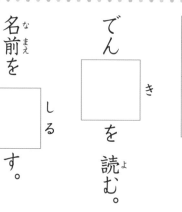

なりたち
「言（ことば）」と「己（おき上がる形。目立つしるし）」を合わせた字。ことばをわすれないようにしるすことをあらわす。

読み方
キ
しるす

いみ
・かきとめる
・かきとめたもの
・おぼえる

10画
記記記記記記記記記記

れんしゅう
記 記（はねる）

1 「記」を書きましょう。

日□（にっき）。

でん□（き）を読（よ）む。

名前（なまえ）を□（しる）す。

心（こころ）に□（しる）す。
（おぼえて わすれないように する）

2 読みがなを書きましょう。

日記（　）を書（か）く。

でん記（　）を読む。

名前を記（　）す。

心に記（　）す。

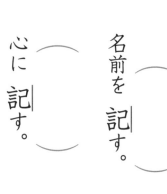

話

なりたち
「言(ことば)」と「舌(いきが ふっと 出て くる ようす)」を 合わせた 字。口で はなす ことを あらわす。

読み方
ワ
はなす
はなし

いみ
・しゃべる
・ものがたり

13画
話話話話話話話話話話話話話

れんしゅう（左下へ）
話 話

1 「話」を 書(か)きましょう。

友(とも)だちと □(はな)す。

むかし□(ばなし)の 本。

電□(でんわ)。

すきな 童(どう)□(わ)。

2 読(よ)みがなを 書きましょう。

友だちと 話す。（　　）

むかし話の 本。（　　）

電話を かける。（　　）

すきな 童(どう)話。（　　）

読

なりたち
もとの 字は「讀」。「言(ことば)」と「賣(つぎつぎに 引(ひ)き出す)」を 合(あ)わせた 字。声(こえ)を つぎつぎに 出して よむ ことを あらわす。

読み方
ドク
トク
トウ
よむ

いみ
・本などを よむ
・文などの くぎり

14画
読読読読読読読読読読読読読読

れんしゅう（上より みじかく）
読 読

1 「読」を 書きましょう。

物語(ものがたり)を □(よ)む。

□(どく)書(しょ)の 秋(あき)。

□(とう)点(てん)。
（文の 中の きれめに つける てん「、」）

ふく□(どく)本(ほん)。
（きょうかしょとは べつに、学しゅうに つかう 本）

2 読みがなを 書きましょう。

物語(ものがたり)を 読む。（　　）

読書の 秋。（　　）

読点を うつ。（　　）

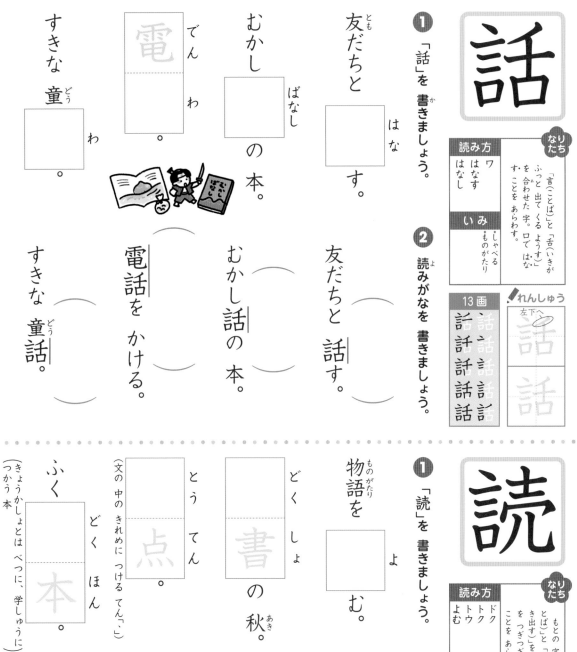

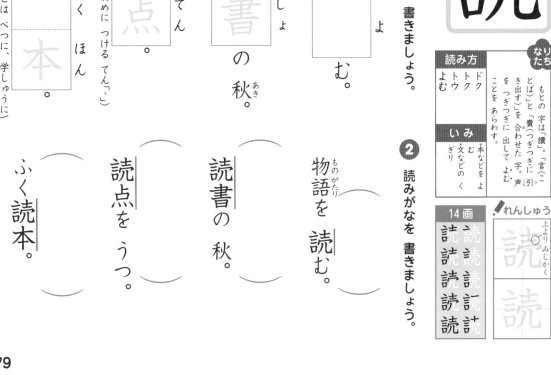

ふく読本。（　　）

ドリル

1つ・5点

点

1 ―線の かん字の 読みがなを 書きましょう。

① 日記を 書く。
② 夏休みの 計画。
③ むかし話。
④ 読書に はげむ。
⑤ おれいを 言う。
⑥ 時間を 計る。
⑦ 物語を 読む。
⑧ 名前を 記す。
⑨ グリム童話。
⑩ ひとり言を 言う。

2 読みがなに あう かん字を 書きましょう。

① （けいさん）。
② 本を （よ）む。
③ （にっき）。
④ 友だちと （はな）す。
⑤ ひとり（ごと）。
⑥ 時間を （はか）る。
⑦ （どくしょ）。
⑧ おれいを （い）う。
⑨ （でんわ）。
⑩ ノートに （しる）す。

12 「辶（しんにゅう／しんにょう）」の つく かん字

近・通・週・道・遠

辶

なりたち

「辶（しんにゅう／しんにょう）」は、十字路（じゅうじろ）の 半分（はんぶん）と 足の 形（かたち）とを 合（あ）わせて できた 形で、「いく・すすむ」と いう いみを あらわします。

「辶」の つく かん字には、道（みち）や すすむ ことに かんけいの ある ものが 多（おお）く あります。

※◯数字（すうじ）は ならう 学年

かん字	おもな 読み方
近②	キン ちかい
通②	ツウ とおる かよう
週②	シュウ
道②	ドウ（トウ） みち
遠②	エン（オン） とおい

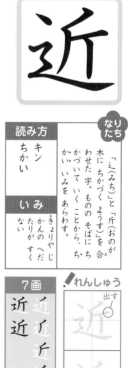

近

読み方
キン
ちかい

いみ
●きょりや じかんの へだたりが すくない

なりたち
「辶（みち）」と「斤（おのが 木に ちかづく ようす）」を 合（あ）わせた 字。ものの そばに ちかづいて いく ことから、ちかい いみを あらわす。

7画
近 近

れんしゅう
出す

❶ 「近」を 書（か）きましょう。

家（いえ）に □（ちか）い。

休みが □（ちか）い。

□（きん）所（じょ）の 店（みせ）。

❷ 読（よ）みがなを 書きましょう。

家に 近（　　）い 公園（こうえん）。

休みが 近（　　）い。

近（　　）所（じょ）の 店。

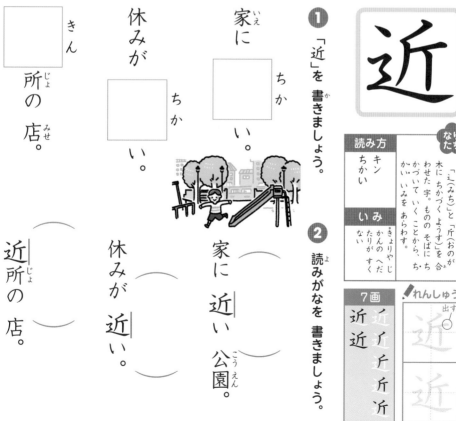

通

なりたち
「辶(先に すすむ)」と「甬(足で 地めんを ふんで つきとおす)」を 合(あ)わせた 字。とおりぬけて 歩く ことを あらわした 字。

読み方
ツウ・(ツ)
とおる
とおす
かよう

いみ
・つうじる、とおる
・いききする
・とどかせる

10画
フ マ ア 乃 丙 甬 甬 涌 涌 通

✎れんしゅう
通 はねる
通

1 「通」を 書(か)きましょう。

車が □(とお)る。

学校に □(かよ)う。

交(こう)□(つう)。

□(つう)学(がく)路(ろ)。

2 読(よ)みがなを 書きましょう。

車が 通る。（　　）

学校に 通う。（　　）

交通あんぜん。（　　）

通学路(ろ)を 歩(ある)く。（　　）

週

なりたち
「辶(すすむ)」と「周(田んぼを ぐるっとを かこんだ ようす)」を 合(あ)わせた 字。ぐるっと ひとめぐりする ことを あらわした 字。

読み方
シュウ
—

いみ
・日ようから 土ようまでの 七日かん

11画
丿 冂 月 月 円 用 周 周 凋 凋 週

✎れんしゅう
週 はねる
週

1 「週」を 書きましょう。

一(いっ)□(しゅう)間(かん)。

毎(まい)□(しゅう)。

来(らい)□(しゅう)。

今(こん)□(しゅう)。

2 読みがなを 書きましょう。

一週間 たつ。（　　）

毎週 出る 本。（　　）

来週の よてい。（　　）

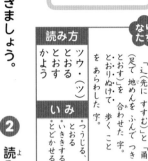

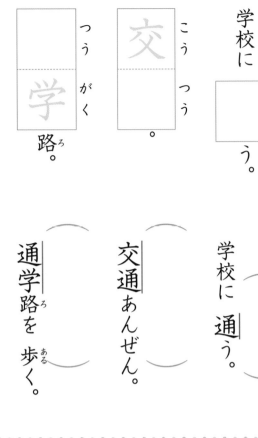

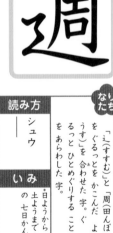

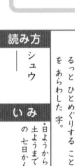

今週の ニュース。（　　）

道

なりたち
「辶(すすんで 行(い)く こと)」と「首(くび)」を 合(あ)わせた 字。人が 首を 前(まえ)に むけて 歩いて いく みちを あらわす。

読み方
ドウ
(トウ)
みち

いみ
・人や 車が とおる ところ

12画
丶 丷 䒑 䒑 产 首 首 首 首 道 道 道

れんしゅう
道（ながく）
道

1 「道」を 書(か)きましょう。

広(ひろ)い［みち］。

近［ちかみち］。

水［すいどう］の 水。

歩［ほどう］。

2 読(よ)みがなを 書きましょう。

広い 道（　　）。

近道（　　）を 行(い)く。

水道（　　）の 水。

歩道（　　）を 歩(ある)く。

遠

なりたち
「辶(歩(ある)いて いく こと)」と「袁(ゆったりと きものを きる 人)」を 合(あ)わせた 字。ゆったりと 回(まわ)り道(みち)して、とおい ことを あらわす。

読み方
エン
(オン)
とおい

いみ
・きょりや じかんが はなれて いる

13画
一 十 土 吉 吉 吉 袁 袁 袁 遠 遠 遠 遠

れんしゅう
遠（とめる）
遠

1 「遠」を 書きましょう。

［とお］い 国(くに)。

［とお］くまで とぶ。

［えんそく］(足)。

［えん］りょする。（ひかえめに する。ことわる）

2 読みがなを 書きましょう。

遠（　　）い 国。

遠（　　）くまで とぶ。

遠足（　　）に 行(い)く。

遠（　　）りょする。

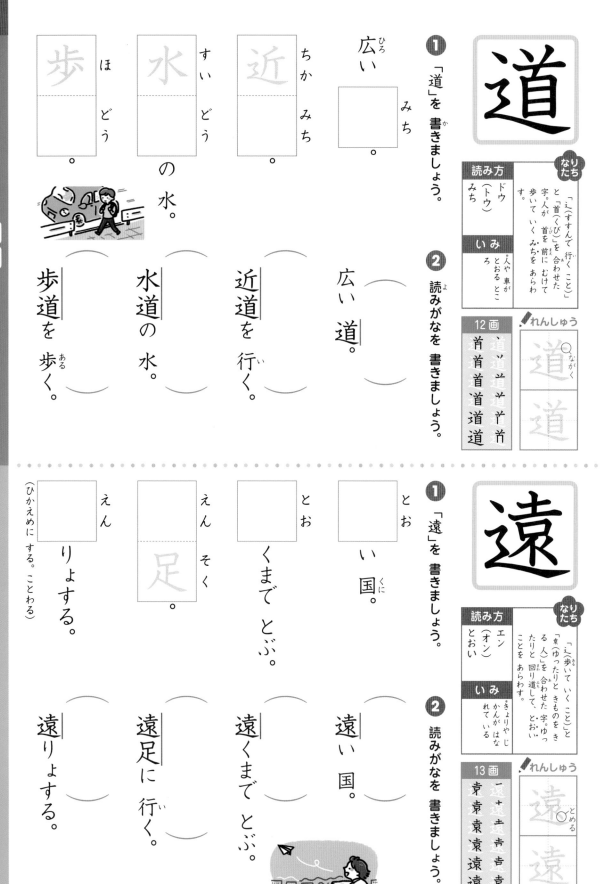

ドリル

点
1つ・5点

1 ―線の かん字の 読みがなを 書きましょう。

① 一週間前。（　）
② 車が 通る。（　）
③ おうだん歩道。（　）
④ 楽しい 遠足。（　）
⑤ 近道を 行く。（　）
⑥ 通学路を 歩く。（　）
⑦ 近所の 店。（　）
⑧ 来週の 日曜日。（　）
⑨ 学校に 通う。（　）
⑩ 遠くまで とぶ。（　）

2 読みがなに あう かん字を 書きましょう。

① 広い □（みち）。
② 一□□（しゅうかん）。（間）
③ □（きん）所の 公園。
④ 車が □（とお）る。
⑤ 交□（こうつう）じこ。
⑥ □（とお）い 国。
⑦ □□（すいどう）。
⑧ 夏休みが □（ちか）い。
⑨ □□（えんそく）。
⑩ 小学校に □（かよ）う。

まとめドリル

1つ・5点

点

1 読みがなに あう かん字を 書きましょう。

① ［ほそ］い ひも。

② ［せん］を 引く。

③ 二年一［くみ］。

④ 答えを ［い］う。

⑤ ［え］を かく。

⑥ 先生に ［はな］す。

⑦ 一［しゅう］間前。

⑧ 本を ［よ］む。

⑨ せまい ［みち］。

⑩ 日［き］を 書く。

2 読みがなに あう かん字を 書きましょう。

① ［すいどう］。

② ［てがみ］。

③ ［えんそく］。

④ ［どくしょ］。

3 つぎの ことばを かん字と ひらがなで 〔 〕に 書きましょう。

① 〔ちかい〕道。

② 時間を 〔はかる〕。

③ 〔とおい〕国。

④ 学校に 〔かよう〕。

⑤ 〔こまかい〕字。

⑥ メモに 〔しるす〕。

13 「口(くち・くちへん)」の つく かん字

古・合・同

口

なりたち

「口(くち・くちへん)」は、人の くちの 形(かたち)を えがいた 字です。
「口」の つく かん字には、口や ことばに かんけいの ある ものが あります。

※○数字(すうじ)は ならう 学年

かん字	おもな 読み方
口①	コウ ク くち
右①	ウ ユウ みぎ
名①	メイ ミョウ な
古②	コ ふるい ふるす
台②	→49ページ
合②	ゴウ・ガッ カッ あう
同②	ドウ おなじ

(知→98ページ)
(鳴→114ページ)

古

なりたち
かんむりを つけて まつって ある そせんの 頭(あたま)の ほねを えがいた 字。ひからびて かたくなった ようすから、ふるいの いみに なった。

読み方
コ
ふるい
ふるす

いみ
・ふるく なった
・むかし

5画
古 古 古 古 古

れんしゅう
古 古 ながく

1 「古」を 書(か)きましょう。

ふる□い たてもの。

ふる□本(ほん)の 店(みせ)。

こ□代(だい)の 生活(せいかつ)。(大むかしの 生活)

2 読(よ)みがなを 書きましょう。

古い たてもの。( )

古本の 店。( )

古代(だい)の 生活。( )

合

なりたち

（絵）→合→合

おわんの 口に ふたが ぴったり 合った 形を えがいた 字。

読み方	いみ
ゴウ・ガッ カッ あう・あわす あわせる	・一つに まとまる ・目てきに かなう

6画 合 ／ 合合合合合合

れんしゅう つける

合 合

1 「合」を 書きましょう。

声（こえ）を [あ]わせる。

集（しゅう）[ごう]時間（じかん）。

[がっ]しょうする。（おおくの 人が こえを そろえて うたを うたう）

雪（ゆき）[がっ]せん。

2 読みがなを 書きましょう。

声を 合（　）わせる。

集（しゅう）合（　）時間。

合（　）しょうする。

雪合（　）せん。

同

なりたち

四角（しかく）い いたに あなを あけた 形。まっすぐに あけた あなは、むこうも こちらも おなじ 形で ある ことから、おなじ ことを あらわす。

読み方	いみ
ドウ おなじ	・ちがいが ない ・なかま

6画 同 ／ 同同同同同同

れんしゅう はねる

同 同

1 「同」を 書きましょう。

[おな]じ ふく。

[おな]じ クラス。

[ごう][どう]（合）。（二つ いじょうの ものが、一つに まとまる こと）

[どう][じ]（時）。

2 読みがなを 書きましょう。

同（　）じ ふく。

同（　）じ クラス。

合同（　）れんしゅう。

同時（　）に 話（はな）す。

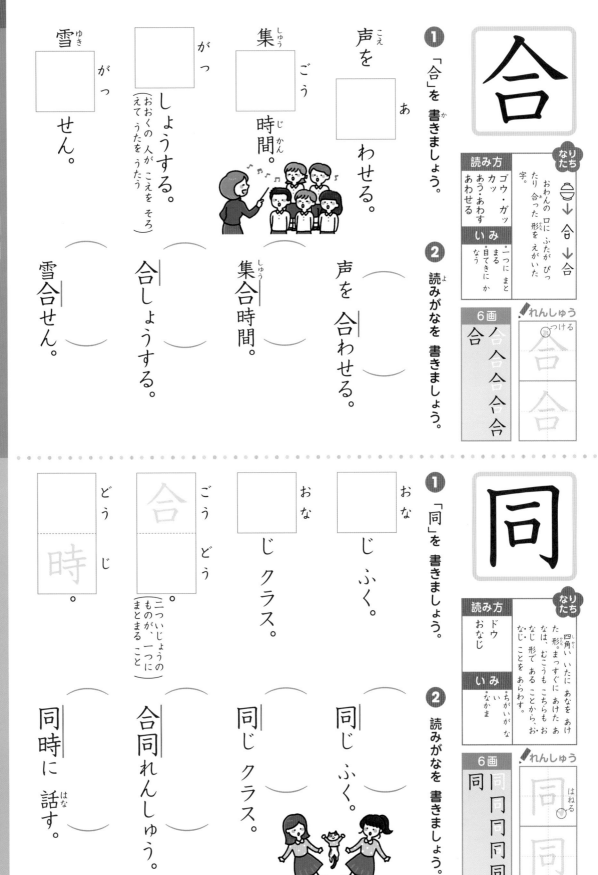

14 「刀(かたな)」の つく かん字

刀・切・分

刀

なりたち

「刀(かたな)」は、えの ついた かたなの 形(かたち)を えがいた 字です。
「刀」の つく かん字には、ものを 切(き)る はものや、ものを 切る ようすに かんけいの ある ものが あります。

※○数字(すうじ)は ならう 学年

かん字	おもな 読み方
刀②	トウ かたな
切②	セツ (サイ) きる
分②	ブン フン・ブ わける

刀

読み方	トウ かたな
いみ	・ものを きる どうぐ、かたな

なりたち：かたなの 形(かたち)を えがいた 字。（→刀）

2画　刀 刀

れんしゅう（つき出さない）

1 「刀」を 書(か)きましょう。

さむらいの [かたな]。

[こ]がたな。

父(ちち)の [ぼくとう]。（木で つくった かたな）

2 読(よ)みがなを 書きましょう。

さむらいの 刀（　）。

小刀（　）で 切(き)る。

父の 木刀（　）。

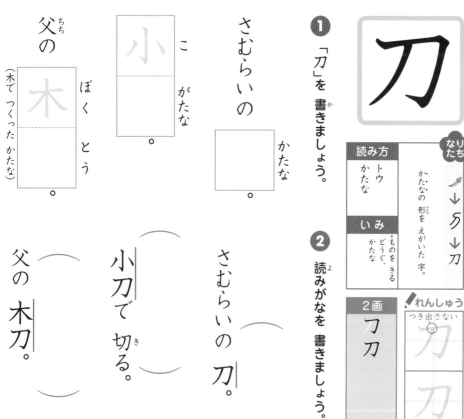

切

なりたち
「七(ぼうを ななめに きる)」と「刀(かたな)」を 合わせた 字。刀で ものを きる ことを あらわした 字。

読み方	いみ
セツ (サイ) きる きれる	・わけはなす ・こころに せまる

4画　切 切 切 切

れんしゅう　切（まげる）　切

1 「切」を 書きましょう。

糸を □(き)る。

はさみで □(き)る。

□(たい)□(せつ) 大 な 本。

□(しん)□(せつ) 親 な 人。

2 読みがなを 書きましょう。

糸を 切る。（　　）

はさみで 切る。（　　）

大切な 本。（　　）

親切な 人。（　　）

分

なりたち
「八(左右に わける しるし)」と「刀(かたな)」を 合わせた 字。刀で ものを 二つに きり・わける ことを あらわした 字。

読み方	いみ
ブン・フン・ブ わける わかれる わかる・わかつ	・いくつかに する ・じかんの たんい

4画　分 分 分 分

れんしゅう　分（あける）　分

1 「分」を 書きましょう。

二つに □(わ)ける。

□(じ)□(ぶん) 自 。

七時五(しちじご) □(ふん)。

五(ご) □(ぶ)ざきの 花。

（はんぶんくらい ひらいた 花）

2 読みがなを 書きましょう。

二つに 分ける。（　　）

自分の 名前(なまえ)。（　　）

七時五分。（　　）

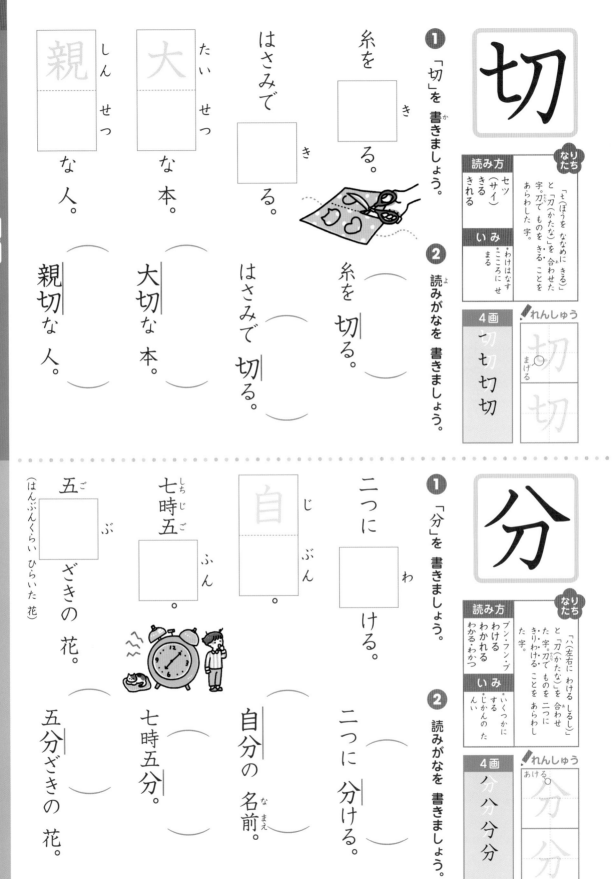

五分ざきの 花。（　　）

ドリル

点

1つ・5点

1 ―線（せん）の かん字の 読（よ）みがなを 書（か）きましょう。

① 古い たてもの。（　　）

② 自分の 名前（なまえ）。（　　）

③ 声（こえ）を 合わせる。（　　）

④ 木を 切りたおす。（　　）

⑤ 二つに 分ける。（　　）

⑥ 合同れんしゅう。（　　）

⑦ さむらいの 刀。（　　）

⑧ 古代（だい）の 生きもの。（　　）

⑨ 大切な 本。（　　）

⑩ 同じ もよう。（　　）

2 読みがなに あう かん字を 書きましょう。

① ［しん｜せつ］な 人。

② （ふる）い 家（いえ）。

③ ［どう｜時（じ）］に 話（はな）す。

④ （おな）じ 色（いろ）。

⑤ 集（しゅう）［ごう］時間（じかん）。

⑥ 糸を （き）る。

⑦ むかしの ［かたな］。

⑧ 力を （あ）わせる。

⑨ ［じ｜ぶん］の 手。

⑩ 切（き）り （わ）ける。

弓

なりたち

「弓（ゆみ・ゆみへん）」は、矢（や）を いる ゆみの 形（かたち）を えがいた 字です。

「弓」の つく かん字には、弓（ゆみ）の 形や、弓を 引（ひ）く うごきに かんけいの ある ものが あります。

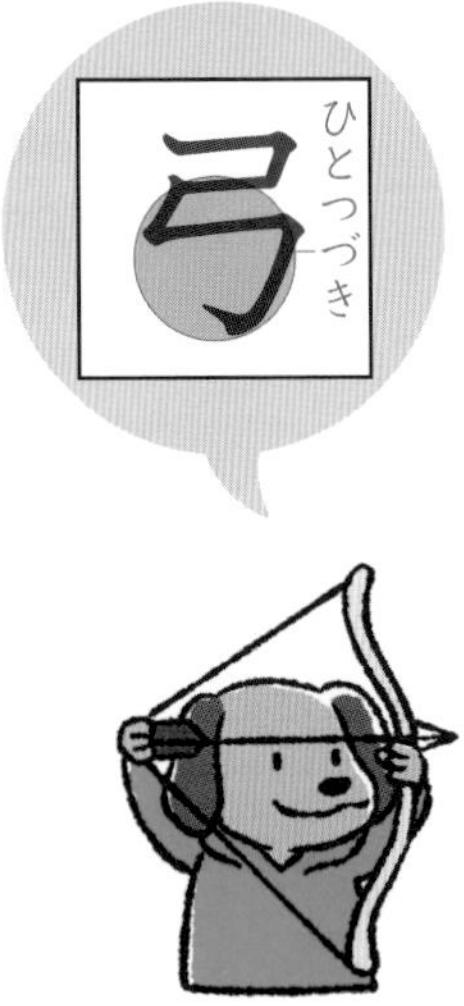

※○数字（すうじ）は ならう 学年

かん字	おもな 読み方
弓②	→48ページ
引②	イン ひく ひける
弟②	→36ページ
弱②	ジャク よわい よわまる
強②	キョウ （ゴウ） つよい

引

読み方
イン
ひく
ひける

いみ
・うごかして よせる
・みちびく
・しりぞく

なりたち
「弓（ゆみ）」と「丨（ひくしるし）」を 合（あ）わせた 字。弓を ひきしぼって 矢（や）を いる ことから、ひっぱる いみを あらわす。

4画
引 引 引 引

れんしゅう
引 引 （はねる）

❶ 「引」を 書（か）きましょう。

つなを ひ□く。

気が ひ□ける。
（あい手に ひけめを かんじる）

いん りょく
□力。
（ものと ものが たがいに ひきあう 力）

❷ 読（よ）みがなを 書きましょう。

つなを 引く。（　　）

気が 引ける。（　　）

地球（ちきゅう）の 引力。（　　）

強

なりたち
「弓(ゆみ)」と「虫(かたい からを もった 虫)」を 合わせた 字。つよそうな かぶと虫の ことから、つよい ことを あらわすように なった。

読み方
キョウ・(ゴウ)
つよい
つよまる
つよめる
(しいる)

いみ
●力が 大きい
●とくいと する

11画
弓 弓 弓 弘 弘 弘 殆 殆 殆 強 強

れんしゅう
強 強（とめる）

1 「強」を 書きましょう。

力が □(つよ)い。

風が □(つよ)まる。

算数(さんすう)の 勉(べん)□(きょう)。

□□(きょう りょく)(力)。
(力などが つよい こと)

2 読(よ)みがなを 書きましょう。

力が 強い。（　　）

風が 強まる。（　　）

算数の 勉(べん)強。（　　）

強力な じ石(しゃく)。（　　）

弱

なりたち
「弓」は、リボンのような かざりを つけた 弓。この 弓は ぶきには ならないので、これを 二つ 合わせて、よわい ことを あらわした。

読み方
ジャク
よわい
よわる
よわまる
よわめる

いみ
●力が 小さい、おとる、よわい

10画
⁊ コ 弓 弓 弓 弓 弱 弱 弱 弱

れんしゅう
弱 弱（右上に はねる）

1 「弱」を 書きましょう。

□(よわ)い 風(かぜ)。

火を □(よわ)める。

音の □□(きょう じゃく)(強)。

□□(じゃく てん)(点)。
(よわい ところ)

2 読みがなを 書きましょう。

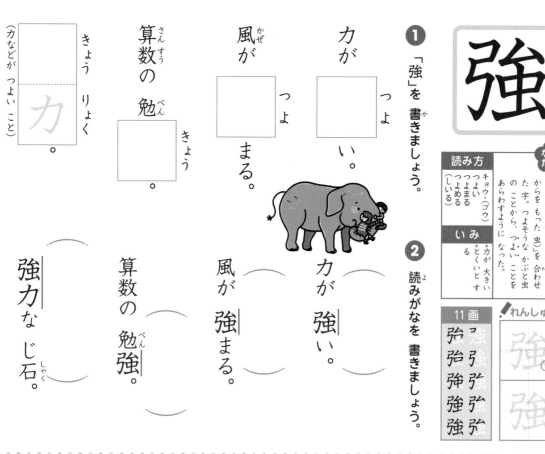

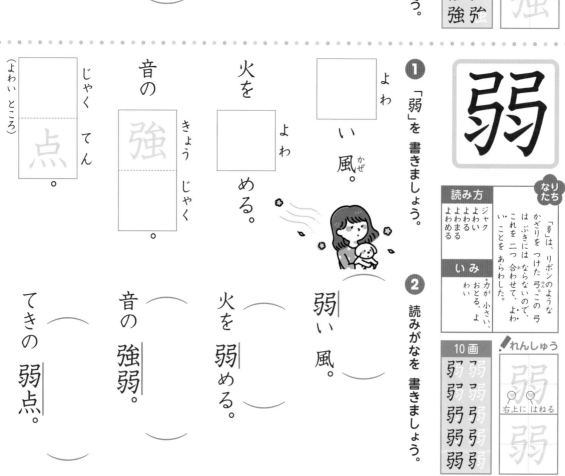

弱い 風。（　　）

火を 弱める。（　　）

音の 強弱。（　　）

てきの 弱点。（　　）

16 「日（ひ・ひへん）」の つく かん字

時・明・曜

日

なりたち

☉ → 日 → 日

「日（ひ・ひへん）」は、太陽（たいよう）の 形（かたち）を えがいた 字です。
「日」の つく かん字には、日の 光（ひかり）や 時間（じかん）、日にちに かんけいの ある ものが あります。

※○数字（すうじ）は ならう 学年

かん字	おもな 読み方
日①	ニチ ジツ ひ・か
早①	ソウ （サッ） はやい
明②	メイ・ミョウ あかり・あける あきらか
春②	→22ページ

星②	→15ページ
昼②	→20ページ
時②	ジ とき
晴②	→15ページ
曜②	ヨウ ―

（書→69ページ）

時

なりたち

「日（たいよう）」と「寺（足と手）」を 合（あ）わせた 字。太陽（たいよう）と ともに 手足を うごかして 休まず はたらくように、やすまない ときを あらわす。

読み方	いみ
ジ とき	・じかん ・その ころ

10画

時 時 時 時 時 時 時 時 時 時

れんしゅう

時 はねる
時

1 「時」を 書（か）きましょう。

休み [じ]間（かん）。

夜（よる）の 八（はち）[じ]。

[とき]が たつ。

2 読（よ）みがなを 書きましょう。

休み時間。（　　　）

夜の 八時。（　　　）

時が たつ。（　　　）

明

なりたち
もとの 字は「朙」。「囧(まど)」と「月(つき)」を 合わせた 字。まどから 月の 光が さしこんで あかるく なる ようすを えがいた 字。

読み方
メイ・ミョウ
あかり・あかるい
あかるむ・あからむ
あきらか・あける
あく・あくる・あかす

いみ
・てらす ひかり
・ひかりが さす
・つぎの

8画
丨 ⺆ 日 日 明 明 明 明

れんしゅう
明 明 (はねる)

1 「明」を 書きましょう。

（あか）□るい 空。
月の （あ）□かり。
夜が （あ）□ける。
（あき）□らかな 話。
発（めい）□する。
（みょう にち）□日。

2 読みがなを 書きましょう。

明るい 空。（　　）
月の 明かり。（　　）
夜が 明ける。（　　）
明らかな 話。（　　）
新しく 発明する。（　　）
明日の よてい。（　　）
※「あす」とも 読む。

曜

なりたち
「日(たいよう)」と「翟(目立つように 鳥が 羽を 立てる)」を 合わせた 字。空高く かがやく 七つの 天体から、一週間の ようびに あてた。

読み方
ヨウ

いみ
・一しゅうかんの それぞれの よび名

18画
日 日ᄀ 日ᄏ 日ᄏᄏ 曜 曜 …

れんしゅう
曜 曜 (わすれずに)

1 「曜」を 書きましょう。

（にち よう）日□□日。
（すい よう）水□□日。

2 読みがなを 書きましょう。

日曜日の 朝。（　　）
水曜日の 午後。（　　）

ドリル

1つ・5点

点

1 ━線（せん）の かん字の 読（よ）みがなを 書（か）きましょう。

① 日曜日（び）の 朝（あさ）。（　　）

② 夜（よ）が 明ける。（　　）

③ 休み 時間。（　　）

④ 風（かぜ）が 強まる。（　　）

⑤ 発（はっ）明した 人。（　　）

⑥ 力が 弱い。（　　）

⑦ つなを 引く。（　　）

⑧ 時が すぎる。（　　）

⑨ 強力な じ石（しゃく）。（　　）

⑩ 地球（ちきゅう）の 引力。（　　）

2 読みがなに あう かん字を 書きましょう。

① 夜（よる）の 十（じゅう）［じ］。

② 月の［あ］かり。

③ 音の［きょう　じゃく］。

④ ［つよ］い 力。

⑤ ［すい　よう］日。

⑥ ［あか］るい 空。

⑦ ［とき］が たつ。

⑧ 台風（たいふう）が［よわ］まる。

⑨ ［じゃく　てん（点）］。

⑩ つなを［ひ］く。

まとめドリル

点

1つ・5点

1 読(よ)みがなに あう かん字を 書(か)きましょう。

① □(ふる)い 本。

② むかしの □(かたな)。

③ 町の □(あ)かり。

④ つなを □(ひ)く。

⑤ 勉(べん)□(きょう)する。

⑥ □(じ)間(かん)が たつ。

⑦ 二つに □(き)る。

⑧ せつ□(めい)する。

⑨ 同(どう)□(じ)に 話(はな)す。

⑩ 大(たい)□(せつ)に する。

2 読みがなに あう かん字を 書きましょう。

① □□(じぶん)。

② □□(にちよう)日(び)。

③ □□(きょうじゃく)。

④ □□(ごうどう)れんしゅう。

3 つぎの ことばを かん字と ひらがなで ［ ］に 書きましょう。

① ［おなじ］形(かたち)。

② ［あかるい］声(こえ)。

③ ［つよい］力。

④ 兄弟(きょうだい)で ［わける］。

⑤ 力が ［よわまる］。

⑥ 力を ［あわせる］。

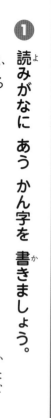

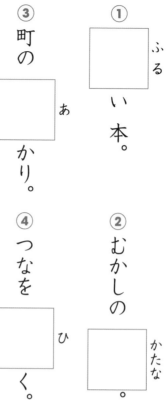

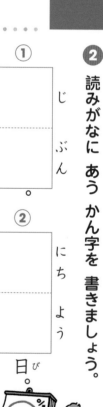

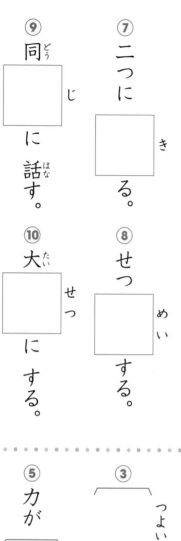

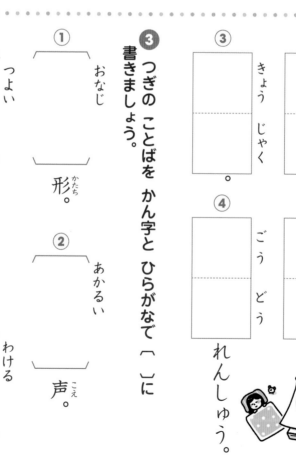

17 同(おな)じ ぶぶんの ある かん字

心・思・矢・知・止・歩・里・野・地・場・声・売・元・光・交・京・外・多

つぎの 同(おな)じ ぶぶんの ある かん字を、組(くみ)に して おぼえましょう。

心 思	里 野	元 光
矢 知	地 場	交 京
止 歩	声 売	外 多

心

なりたち しんぞうの 形(かたち)を えがいた 字。どきどきする しんぞうには こころが あるようなので、こころ の いみを あらわす。

読み方 シン こころ

いみ ●しんぞう ●こころ ●まん中

れんしゅう はねる

4画

1 「心」を 書(か)きましょう。

（こころ）□ の 中。

（ちゅう しん）中□。

2 読(よ)みがなを 書きましょう。

心(　　)の 中の ようす。

町の 中心(　　)地(ち)。

思

なりたち 「田(頭(あたま)の 形(かたち))」と 「心(こころ)」を 合(あ)わせた 字。頭と 心(こころ)の はたらきで、あれこれと おもう ことを あらわす。

読み方 シ おもう

いみ ●こころに かんじる

れんしゅう とめる

9画

1 「思」を 書(か)きましょう。

（おも）□い出(で)。不(ふ)（し）□議(ぎ)。

2 読(よ)みがなを 書きましょう。

夏休(なつやす)みの 思(　　)い出。

不(ふ)思(　　)議(ぎ)な 話(はなし)。

矢

なりたち
↓ ↓ 矢
やの 形(かたち)を えがいた 字。

読み方
や (シ)

いみ
・ゆみの つるに つがえて いる ぶき、や

5画 矢 矢 矢 矢 矢

れんしゅう 矢 矢（つき出さない）

❶ 「矢」を 書(か)きましょう。

弓(ゆみ)と □(や)。

□(や)を はなつ。

弓□(ゆみや)。

□(や)じるし。

❷ 読(よ)みがなを 書きましょう。

弓と 矢（　　）。

矢（　　）を はなつ。

むかしの 弓矢（　　）。

矢（　　）じるしの 方向(ほうこう)。

知

なりたち
「矢(や)」と「口(くち)」を 合(あ)わせた 字。矢(や)が まとに 当(あ)たったように、わかった ことを 口で 言(い)う こと。わかって いる ことを あらわす。

読み方
チ しる

いみ
・こころに かんじとる ・しりあい

8画 知 知 知 知 知 知 知 知

れんしゅう 知 知（とめる）

❶ 「知」を 書(か)きましょう。

名前(なまえ)を □(し)る。

よく □(し)らない。

すぐ □(し)らせる。

合(ごう)かく 通□(つうち)。
（合かくの しらせ）

❷ 読みがなを 書きましょう。

名前を 知（　　）る。

よく 知（　　）らない。

すぐ 知（　　）らせる。

合かく通知（　　）。

止

なりたち
かた方（ほう）の 足の 形（かたち）を えがいた 字。足が 一かしょに とまって すすまない ことから、とまる ことを あらわした 字。

読み方	いみ
シ とまる とめる	・じっと して うごかなく なる ・やめる

4画　丨 卜 止 止

れんしゅう　止　（出す）　止

❶ 「止」を 書きましょう。

車が □（と）まる。

足を □（と）める。

中（ちゅう）□（し）。

立ち入りきん □（し）。

❷ 読みがなを 書きましょう。

車が 止まる。（　　）

足を 止める。（　　）

中止に なる。（　　）

立ち入りきん止。（　　）

歩

なりたち
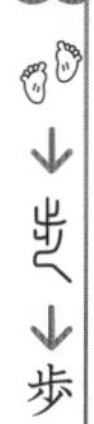
右足と 左足が、たがいちがいに なって あるく ときの ようすを えがいた 字。

読み方	いみ
ホ （ブ）・（フ） あるく あゆむ	・足を うごかして まえに すすむ

8画　歩 歩 歩 歩 歩 歩 歩 歩

れんしゅう　歩　（はらう）　歩

❶ 「歩」を 書きましょう。

えきまで □（ある）く。

□（あゆ）みが おそい。

□（ほ）道（どう）橋（きょう）。

さん □（ぽ）する。

❷ 読みがなを 書きましょう。

えきまで 歩く。（　　）

歩みが おそい。（　　）

歩道橋（きょう）を わたる。（　　）

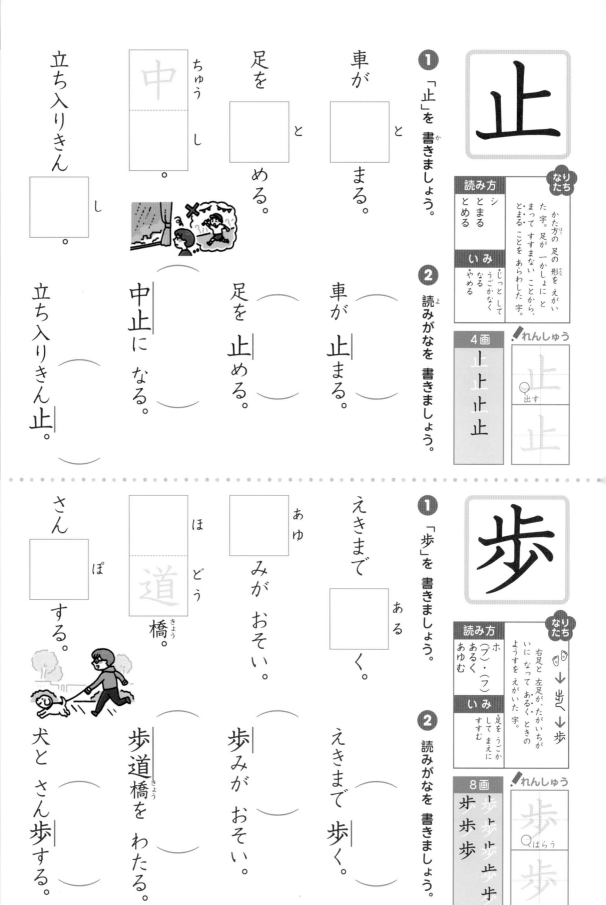

犬と さん歩する。（　　）

ドリル

1つ・5点　　点

❶ ――線の かん字の 読みがなを 書きましょう。

① 心の 中。（　　）

② 車が 止まる。（　　）

③ よく 知らない。（　　）

④ 歩道橋を わたる。（　　）

⑤ 町の 中心地。（　　）

⑥ 夏休みの 思い出。（　　）

⑦ 合かく通知。（　　）

⑧ 中止に なる。（　　）

⑨ むかしの 弓矢。（　　）

⑩ 一年間の 歩み。（　　）

❷ 読みがなに あう かん字を 書きましょう。

① □（や）じるし。

② 立ち入りきん□（し）。

③ □（こころ）の 中。

④ 夏の［　（おも）い出］。

⑤ さん□（ぽ）する。

⑥ 電車が［　（と）まる］。

⑦ □□（ゆみや）。

⑧ 先生に［　（し）らせる］。

⑨ □□（ちゅうしん）。

⑩ えきまで［　（ある）く］。

里

なりたち
「田（四角に くぎられた た）」と「土（つち）」を 合わせた 字。きちんと 土地を たがやしたり、くぎりを つけたり した 人が すむ 村ざとの こと。

読み方
リ
さと

いみ
・人が すむ ところ
・生まれそだった ところ

7画
丨 口 日 日 甲 甲 里

れんしゅう
里 里
ながく

1 「里（さと）」を 書き（か）ましょう。

□（さと）の 秋（あき）。

山（やま）□（ざと）の 村。

□（さと）帰（がえ）りを する。
（はなれて くらして いる 人が じぶんの 生まれそだった いえに 帰る こと）

母（はは）の きょう□（り）。
（母が 生まれそだった ところ）

2 読（よ）みがなを 書きましょう。

里の 秋。（　　）

山里の 村。（　　）

里帰りを する。（　　）

母の きょう里。（　　）

野

なりたち
「里（田が ある 村ざと）」と「予（ゆったりと ひきのばす）」を 合わせた 字。いなかの ゆったりと、ひろびろと した のはらの ことを あらわす。

読み方
ヤ
の

いみ
・ひろびろと した たいらな とち

11画
丨 口 日 日 甲 甲 里 野 野 野 野

れんしゅう
野 野
はねる

1 「野」を 書きましょう。

□（の）原（はら）の 花。

春（はる）の □（の）山（やま）。

□（や）さいサラダ。

□（や）球（きゅう）の せん手。

2 読みがなを 書きましょう。

野原の 花。（　　）

春の 野山。（　　）

野さいサラダ。（　　）

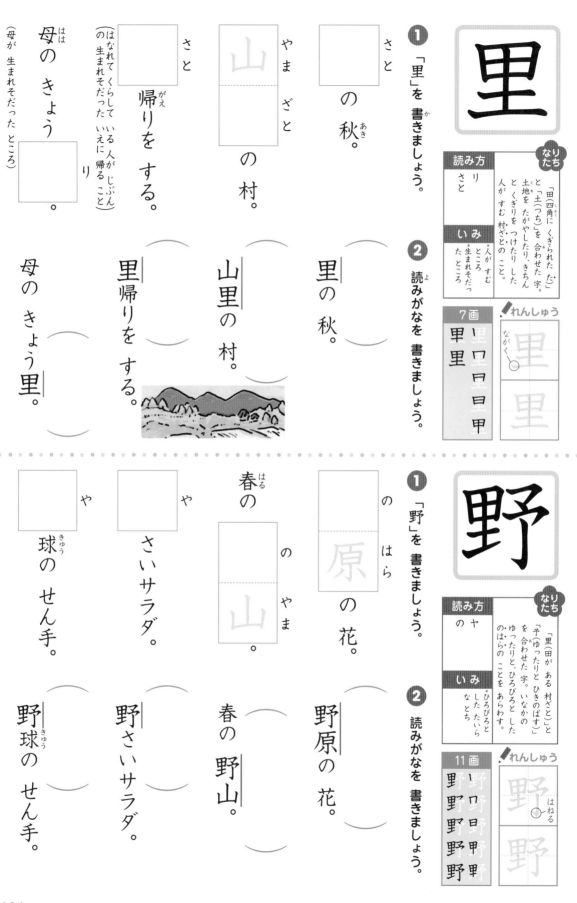

野球（きゅう）の せん手。（　　）

地

なりたち
「土（つち）」と「也（体がよこに のびた へび）」を 合わせた 字。広がって のびた とちを あらわした 字。

読み方	いみ
チ ジ	・土 ・ばしょ

6画　地　一　十　土　地　地

れんしゅう　地　右上へ　地

❶ 「地」を 書きましょう。

広い［土（と）　（ち）］。

市の［（ち）　図（ず）］。

［　（じ）］面を ほる。

［　（じ）］しんの ゆれ。

❷ 読みがなを 書きましょう。

広い 土地（　　）。

市の 地図（　　）。

地面（　　）を ほる。

地（　　）しんの ゆれ。

場

なりたち
「土（とち）」と「昜（日が かがやいて のぼる）」を 合わせた 字。のぼって いく 日の 光が 当たる 土地を あらわした 字。

読み方	いみ
ジョウ ば	・ものごとが おこなわれる ところ

12画　場　一　十　土　圴　坦　垾　埸　場　場　場　場

れんしゅう　場　はねる　場

❶ 「場」を 書きましょう。

［広（ひろ）　（ば）］。

かなしい［　（ば）］面。

新しい 運動［　（じょう）］。

パン［工（こう）　（じょう）］。

❷ 読みがなを 書きましょう。

広場（　　）で あそぶ。

かなしい 場（　　）面。

新しい 運動場（　　）。

町の パン工場（　　）。

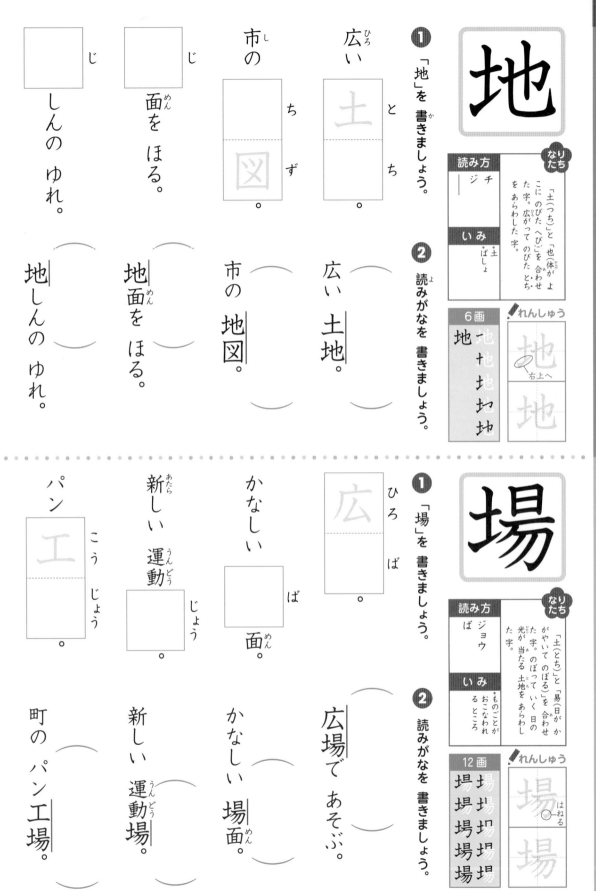

声

なりたち
もとの 字は「聲」。「声(石の がっき)」と「殳(ぼうで たたく ようす)」と「耳(みみ)」を 合わせ、耳に ひびく がっきの 音や 人の こえの こと。

読み方
セイ
(ショウ)
こえ
(こわ)

いみ
・口から 出す 音

7画
一 十 士 声 声 声 声

れんしゅう
上より みじかく

1 「声」を 書きましょう。

大きな □(こえ)。

□(うた)□(ごえ)（歌＿）。

□(せい) えん。

□(おん)□(せい)（音＿）。

2 読みがなを 書きましょう。

大きな 声（　　）。

きれいな 歌声（　　）。

声（　　）えんを おくる。

テレビの 音声（　　）。

売

なりたち
もとの 字は「賣」。「士(『出』を かんたんに した 字)」と「買(かう)」を 合わせた 字。買いに 来た 人に ものを 出して、うる いみを あらわす。

読み方
バイ
うる
うれる

いみ
・お金を うけとり、しなものを わたす

7画
一 十 士 声 声 売 売

れんしゅう
はねる

1 「売」を 書きましょう。

商品(しょうひん)を □(う)る。

おもちゃ □(う)り場(ば)。

えきの □(ばい)□(てん)（＿店）。

新発(しんはつ) □(ばい) の おかし。

2 読みがなを 書きましょう。

商品(しょうひん)を 売（　　）る。

おもちゃ売（　　）り場。

えきの 売店（　　）。

新発(しんはつ)売（　　）の おかし。

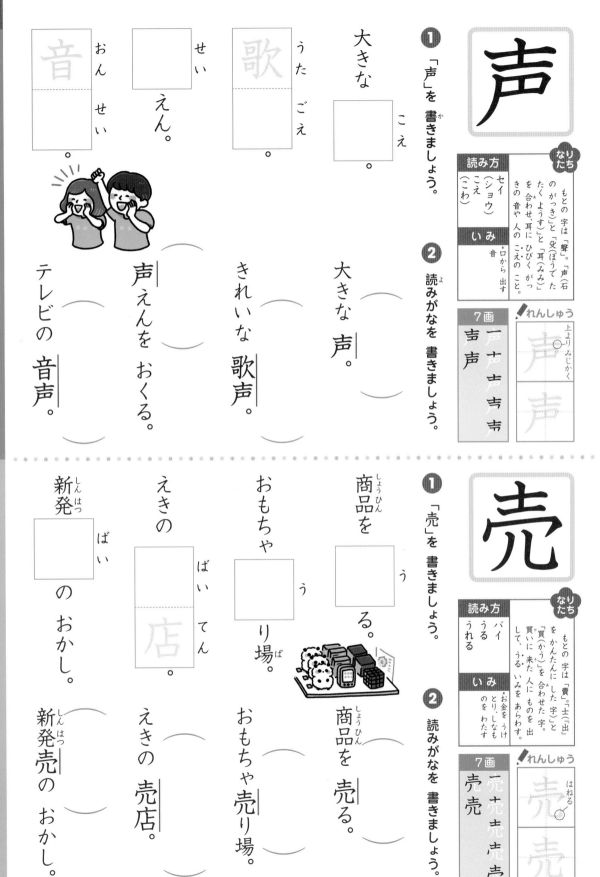

ドリル

1つ・5点　　点

1 ―線の かん字の 読みがなを 書きましょう。

① 野山を 歩く。（　　）
② おもちゃ売り場。（　　）
③ 元気な 歌声。（　　）
④ 山里の 村。（　　）
⑤ 広い 土地。（　　）
⑥ 野さいを 食べる。（　　）
⑦ えきの 売店。（　　）
⑧ かなしい 場面。（　　）
⑨ 運動場に 入る。（　　）
⑩ 地面を ほる。（　　）

2 読みがなに あう かん字を 書きましょう。

① 大きな □（こえ）。
② □□（こうじょう）見学。
③ □□（ばいてん）。
④ □（じ）しんで ゆれる。
⑤ □原（のはら）。
⑥ せかい □□（ちず）。
⑦ □□（ひとざと）。
⑧ 広□（ひろば）で あそぶ。
⑨ □（や）さい。
⑩ 本を □（う）る。

元

なりたち

体(からだ)の いちばん 上に ある 頭(あたま)を えがいた 字。頭は、人間(にんげん)の もとに なる ものと いう いみから、もとと いう いみを あらわす。

読み方	いみ
ゲン ガン もと	・ものごとの はじめ ・おおもと

4画　元 元 元 元

れんしゅう　元 元（上より ながく）

1 「元」を 書(か)きましょう。

げんき ［　］気 な 声(こえ)。

がんじつ ［　］日 の 朝(あさ)。（一月一日、がんたんの 朝）

もと ［　］ に もどる。

ガスの もと ［　］ せん。

2 読(よ)みがなを 書きましょう。

元気な 声。（　　）

元日の 朝。（　　）

元に もどる。（　　）

ガスの 元せん。（　　）

光

なりたち

人が、かがり火を 頭(あたま)の 上に かかげて いる ようす。明(あか)るい ひかりの こと。

読み方	いみ
コウ ひかる ひかり	・てりかがやく、ひかる ・けしき

6画　光 光 光 光 光 光

れんしゅう　光 光（まっすぐ）

1 「光」を 書きましょう。

まぶしい ひかり ［　］。

星(ほし)が ひか ［　］ る。

にっこう ［　］日［　］。

かんこう かん ［　］ バス。（ふうけいなどを 見ぶつする 人が のる バス）

2 読みがなを 書きましょう。

まぶしい 光。（　　）

星が 光る。（　　）

日光が 当(あ)たる。（　　）

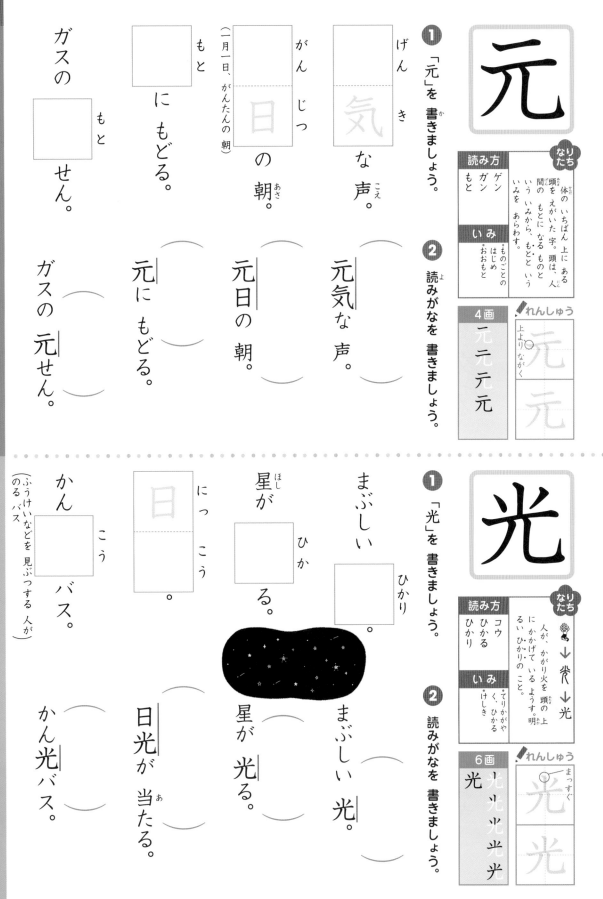

かん光バス。（　　）

交

なりたち
人が 足を ×の 形(かたち)に まじ わらせた ようすを えがいた 字。

読み方
コウ
まじわる・まじえる
まじる・まざる
まぜる・(かう)
(かわす)

いみ
・入りくむ、入りまじる
・入れかわる

6画

れんしゅう(とめる)

❶「交」を 書(か)きましょう。

こうつう(通) じこ。

こうばん(番)。

カードを ま ぜる。

道(みち)が まじ わる。

❷ 読(よ)みがなを 書きましょう。

交通じこ。（　）

駅前(えきまえ)の 交番。（　）

カードを 交ぜる。（　）

道が 交わる。（　）

京

なりたち
高(たか)い おかに たつ 家(いえ)を えがいた 字。たくさんの 家が あつまる みやこの こと。

読み方
キョウ
(ケイ)
―

いみ
・くにの ちゅうしんち
・とうきょう
・きょうと

8画

れんしゅう(はねる)

❶「京」を 書きましょう。

とう(東)きょう。

とう(東)きょう タワー。

きょう 都(と)の お寺(てら)。

じょう(上)きょう する。
(ちほうから とうきょうへ いく こと)

❷ 読みがなを 書きましょう。

東京の まち。（　）

東京タワー。（　）

京都(と)の お寺。（　）

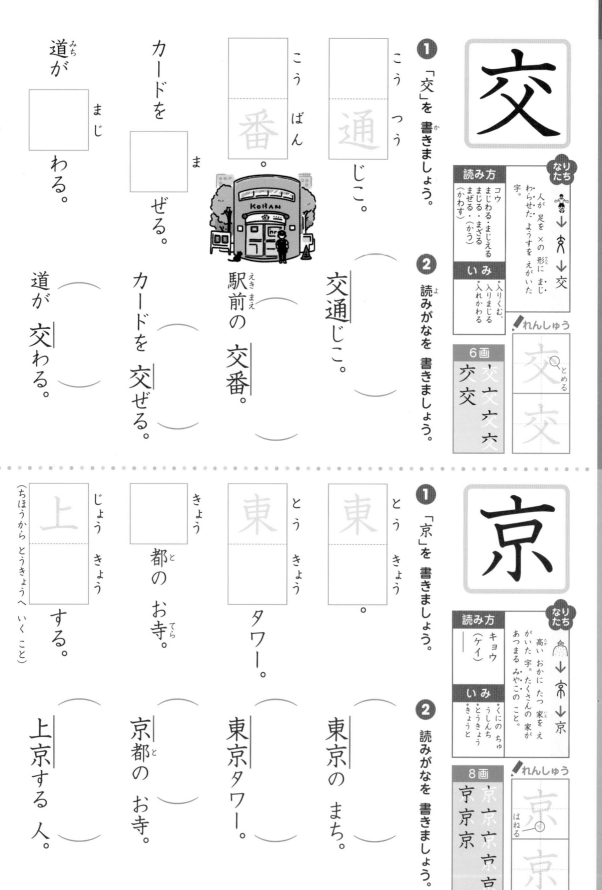

上京する 人。（　）

外

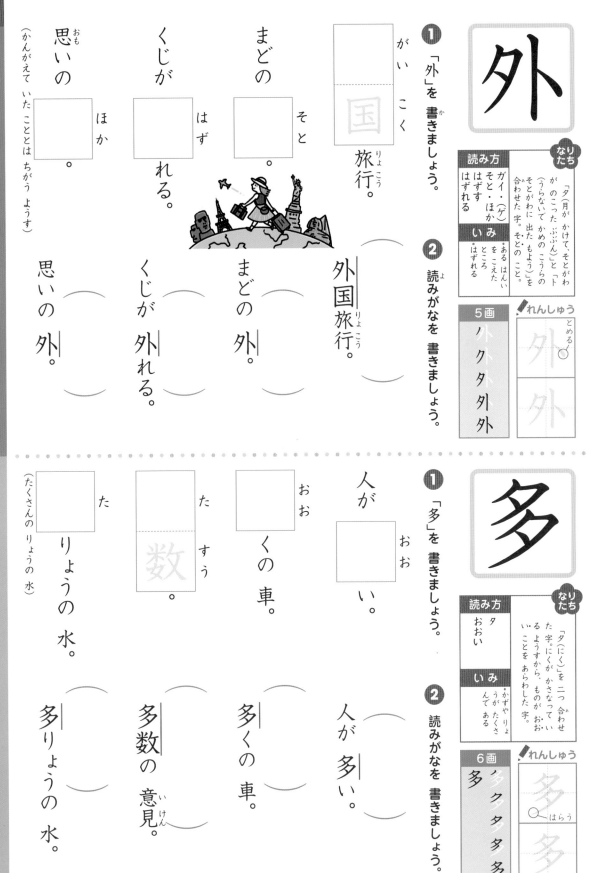

なりたち
「夕(月が かけて、そとがわが のこった ぶぶん)」と「卜(うらないで かめの こうらの そとがわに 出た もよう)」を 合わせた 字。そとの こと。

読み方
ガイ・(ゲ)
そと・ほか
はずす
はずれる

いみ
•ある はんいを こえた ところ
•はずれる

5画
ノ ク タ 外 外

れんしゅう
とめる

1 「外」を 書(か)きましょう。

［がい］［こく 国］旅行(りょこう)。

まどの ［そと］。

くじが ［はず］れる。

思(おも)いの ［ほか］。
(かんがえて いた こととは ちがう ようす)

2 読(よ)みがなを 書きましょう。

外国旅行(りょこう)。(　　)

まどの 外。(　　)

くじが 外れる。(　　)

思いの 外。(　　)

多

なりたち
「夕(にく)」を 二つ 合わせた 字。にくが かさなって いる ようすから、ものが おおい ことを あらわした 字。

読み方
タ
おおい

いみ
•かずや りょうが たくさんで ある

6画
多 (ノ ク タ 多 多 多)

れんしゅう
はらう

1 「多」を 書きましょう。

人が ［おお］い。

［おお］くの 車。

［た］［すう 数］。

［た］りょうの 水。
(たくさんの りょうの 水)

2 読みがなを 書きましょう。

人が 多い。(　　)

多くの 車。(　　)

多数の 意見(いけん)。(　　)

多りょうの 水。(　　)

ドリル

点

1つ・5点

1 ―線(せん)の かん字の 読(よ)みがなを 書(か)きましょう。

① 東京へ 行(い)く。（　　）（　　）

② まぶしい 光。（　　）

③ 元に もどる。（　　）

④ カードを 交ぜる。（　　）

⑤ さくの 外。（　　）

⑥ 元日の 朝(あさ)。（　　）

⑦ 交通あんぜん。（　　）

⑧ 多くの 車。（　　）

⑨ 多数の 意見(いけん)。（　　）

⑩ くじが 外れる。（　　）

2 読みがなに あう かん字を 書きましょう。

① げんき（　　）な 声(こえ)。

② にっこう（　　）よく。（にっこうを からだに あびる こと）

③ がいこく（　　）旅行(りょこう)。

④ こうばん（　番）。

⑤ もと（　）に もどる。

⑥ 人が おお（　）い。

⑦ まどの そと（　）。

⑧ 星(ほし)が ひか（　）る。

⑨ とうきょう（　　）。

⑩ 道(みち)が まじ（　）わる。

まとめドリル

□点
1つ・5点

1 読みがなに あう かん字を 書きましょう。

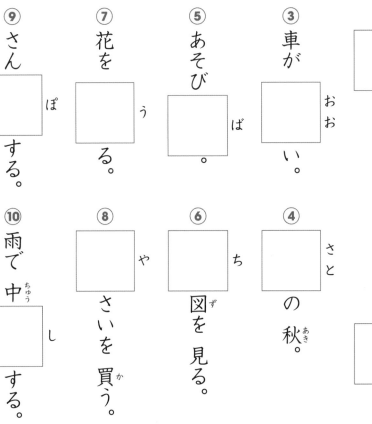

① □（おも）い出。
② やさしい □（こころ）。
③ 車が □（おお）い。
④ □（さと）の 秋。
⑤ あそび □（ば）。
⑥ □（ち）図を 見る。
⑦ 花を □（う）る。
⑧ □（や）さいを 買う。
⑨ さん □（ぽ）する。
⑩ 雨で 中 □（し）する。

2 読みがなに あう かん字を 書きましょう。

① □□（がいこく）。
② □□（ゆみや）。
③ □□（とうきょう）。
④ パン □□（こうじょう）。
⑤ □□（うたごえ）。
⑥ □□（げんき）に あそぶ。

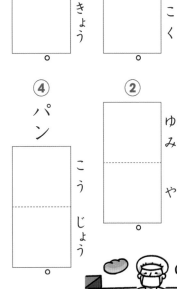

3 つぎの ことばを かん字と ひらがなで 〔　〕に 書きましょう。

① 星が 〔　　〕（ひかる）。
② バスが 〔　　〕（とまる）。
③ 線が 〔　　〕（まじわる）。
④ 先生に 〔　　〕（しらせる）。

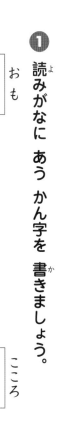

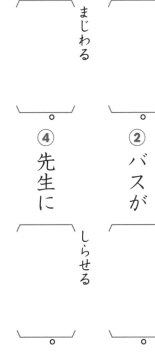

18 二つに 分(わ)かれる かん字

答・毎・点・番・買・行・何・帰・鳴・形・新

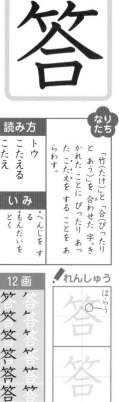

雪　朝

かん字の 中には、上と 下に 分(わ)けられる ものや、右と 左に 分けられる ものなどが あります。

上の「雪」は「⻗」と「ヨ」に、「朝」は「𠦝」と「月」に 分けられます。

このような、二つの ぶぶんが 組(く)み合(あ)わさって できた かん字は、たくさん あります。

ここでは、二年生で ならう つぎの 十一の かん字を おぼえましょう。

（上下）……答・毎・点・番・買

（左右）……行・何・帰・鳴・形・新

答

読み方	いみ
トウ こたえる こたえ	●へんじを する ●もんだいを とく

なりたち：「竹(たけ)」と「合(ぴったり とあう)」を 合(あ)わせた 字。きかれた ことに ぴったり あった こたえを する ことを あらわす。

12画

れんしゅう（はらう）

1 「答」を 書(か)きましょう。

クイズの □(こた)え。

といに □(こた)える。

テストの □(とう)あん。（テストの もんだいの こたえ）

2 読(よ)みがなを 書きましょう。

クイズの 答え。（　　）

といに 答える。（　　）

テストの 答あん。（　　）

毎

なりたち
頭(あたま)に かざりを つけた お母(かあ)さんの ようす。お母さんは、つぎつぎに 子どもを うむ ことから、その たびごとの いみ。

読み方 マイ

いみ ●その たび ごと

れんしゅう 「毋」と しない

6画 毎

1 「毎」を 書(か)きましょう。

まいにち □日、本を 読(よ)む。

まいあさ □朝の さん歩(ぽ)。

2 読(よ)みがなを 書きましょう。

毎日、本を 読む。（　　）

毎朝の さん歩。（　　）

点

なりたち
もとの 字は「點」。「黒(くろい すす)」と「占(うらないで きめる)」を 合(あ)わせた 字。黒(くろ)い しるしの てんを あらわす。

読み方 テン

いみ ●小さな しるし ●せいせきの すう字

れんしゅう つき出さない

9画 点

1 「点」を 書きましょう。

黒(くろ)い てん □。

てんせん □線。

ひゃくてん 百□を とる。

2 読みがなを 書きましょう。

黒い 点。（　　）

点線で 切(き)る。（　　）

テストで 百点を とる。（　　）

番

なりたち
「釆(たねを まく)」と「田(た)」を 合(あ)わせた 字。たねを 一回(かい)二回(かい)と じゅんばんに まく ことを あらわした 字。

読み方 バン

いみ ●ものごとの じゅんじょ ●見はり

れんしゅう 右から

12画 番

1 「番」を 書きましょう。

一(いち) ばん □。

とうばん 当□。

テレビ ばんぐみ □組。

2 読みがなを 書きましょう。

一番の 人。（　　）

そうじ当番。（　　）

テレビ番組を 見る。（　　）

買

なりたち
「罒（あみで ものを つつんだ 形）」と、「貝（お金）」を 合わせた 字。お金で あみの 中の ものを かう いみに なった。

読み方
バイ
かう

いみ
●お金を はらって しなものを 手に 入れる

12画

れんしゅう 「四」と しない

1 「買」を 書きましょう。

本を □（か）う。

おかしを □（か）う。

□（か）いもの。

車の 売□（ばい ばい）。

（車を うったり かったり する こと）

2 読みがなを 書きましょう。

本を 買（　）う。

おかしを 買（　）う。

買（　）いものに 行く。

車の 売買（　）。

行

なりたち
十字路の 形を えがいた 字。大通りの まっすぐな 道を すすんで いくことを あらわす。

読み方
コウ
ギョウ
（アン）
いく・ゆく
おこなう

いみ
●目てきに むかって すすむ
●なにかを する

6画

れんしゅう はねる

1 「行」を 書きましょう。

学校へ □（い）く。

□（ゆ）く手。

よい □（おこな）い。

□（こう）進。

□（ぎょう）事。

2 読みがなを 書きましょう。

学校へ 行（　）く。

行（　）く手の 山。

※「いく手」とも いう。

よい 行（　）い。

行（　）進。

行（　）事。

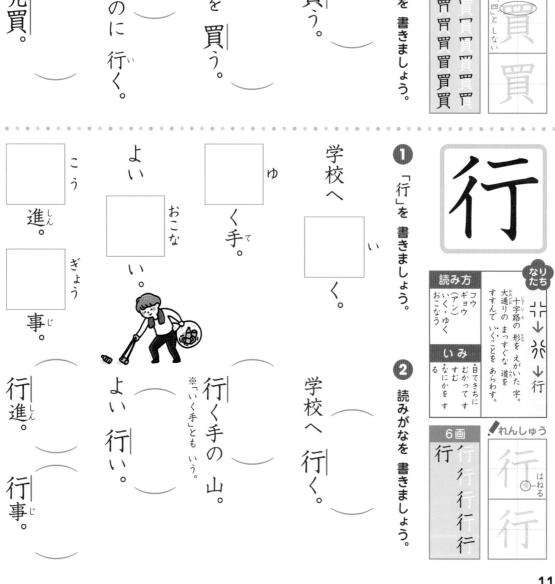

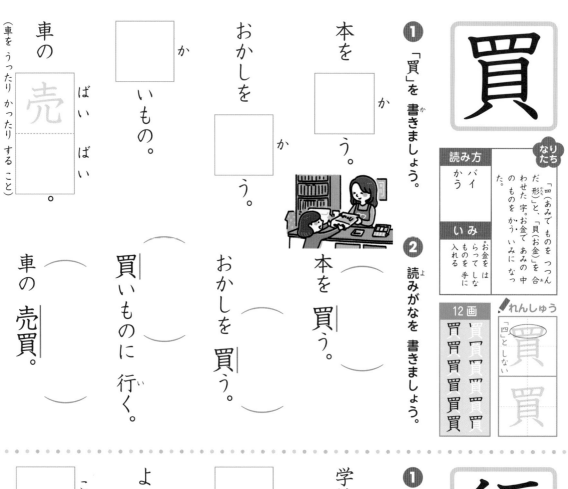

ドリル

点

1つ・5点

1 ―線の かん字の 読みがなを 書きましょう。

① 答えを 言う。（　　）

② 毎朝の さん歩。（　　）

③ よい 行い。（　　）

④ 買いものに 行く。（　　）

⑤ 点線で 切る。（　　）

⑥ テストの 答あん。（　　）

⑦ そうじ当番。（　　）

⑧ 入場行進。（　　）

⑨ 一月の 行事。（　　）

⑩ 車の 売買。（　　）

2 読みがなに あう かん字を 書きましょう。

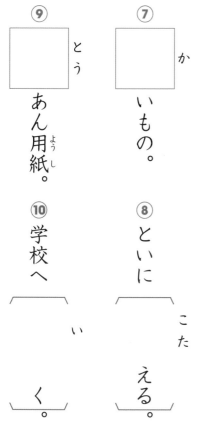

① □□（ひゃく てん）。

② 一□（ばん）に なる。

③ □□（まい にち）。

④ よい □（おこな）い。

⑤ テレビ□□（ばん ぐみ）。

⑥ 本を □（か）う。

⑦ □（か）いもの。

⑧ といに □（こた）える。

⑨ □（とう）あん用紙。

⑩ 学校へ □（い）く。

何

なりたち 人が 荷(に)もつを かついで いる ようす。「えっ なに？」と いう ことばと 音(おと)が にて いる ことから、たずねる 字と なった。

読み方 （カ） なに なん

いみ ●かずなどが わからない こと ●まったく

れんしゅう 何 何（はねる）

7画

❶「何」を 書(か)きましょう。

［　］（なに）も ない。 ［　］［人］（なんにん）。

［　］［回］（なんかい） も とぶ。

❷ 読(よ)みがなを 書きましょう。

何（　）も ない。何人（　）か 来(く)る。

何回（　）も とぶ。

帰

なりたち 「り（もとは、𠂤で、足で まわる）」と 「帚（ほうき。そうじする 女の 人）」を 合(あ)わせ、後(のち)に、もどる、かえるの いみに なった。

読み方 キ かえる かえす

いみ ●もとの ところへ もどる

れんしゅう 帰 帰（はねる）

10画

❶「帰」を 書きましょう。

家(いえ)に ［　］（かえ）る。 ［　］（かえ）り道(みち)。

［　］［国］（きこく）した おじ。（がい国から かえって きた おじ）

❷ 読みがなを 書きましょう。

家に 帰（　）る。 帰（　）り道。

帰国（　）した おじ。

鳴

なりたち 鳥が 口を あけて、ないて いる ことを あらわした 字。

読み方 メイ なく なる ならす

いみ ●とり、虫などが こえを 出す ●音が 出る

れんしゅう 鳴 鳴（てんに ちゅうい）

14画

❶「鳴」を 書きましょう。

チャイムが ［　］（な）る。

虫が ［　］（な）く。悲(ひ)［　］（めい）。

❷ 読みがなを 書きましょう。

チャイムが 鳴（　）る。

虫が 鳴（　）く。女の 悲(ひ)鳴（　）。

形

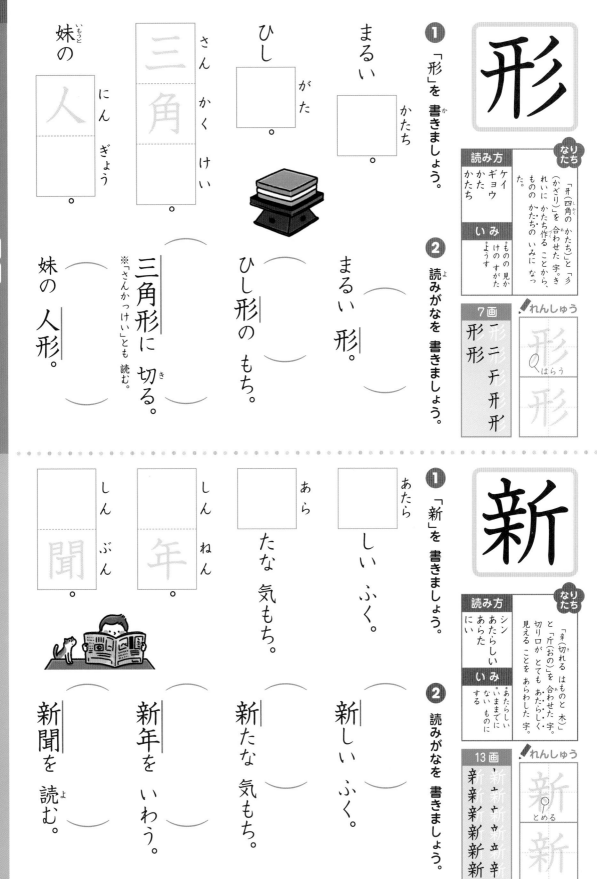

なりたち
「开（四角の かたち）」と「彡（かざり）」を 合わせた 字。きれいに かたち作る ことから、ものの かたちの いみに なった。

読み方
ケイ ギョウ かた かたち

いみ
●ものの 見かけの すがた ようす

7画
一 二 于 开 开 形 形

れんしゅう
形（はらう）
形

1 「形」を 書きましょう。

まるい □（かたち）。

ひし□（がた）。

三角□（さん かく けい）。

妹（いもうと）の 人□（にん ぎょう）。

2 読みがなを 書きましょう。

まるい 形（　）。

ひし形（　）の もち。

三角形（　）に 切（き）る。
※「さんかっけい」とも 読む。

妹の 人形（　）。

新

なりたち
「亲（切れる はものと 木）」と「斤（おの）」を 合わせた 字。切り口が とても あたらしく 見える ことを あらわした 字。

読み方
シン あたらしい あらた にい

いみ
●あたらしい ●いままでに ない ものに する

13画
丶 亠 亡 立 立 辛 亲 亲 新 新 新 新 新

れんしゅう
新（とめる）
新

1 「新」を 書きましょう。

□（あたら）しい ふく。

□（あら）たな 気もち。

□年（しん ねん）。

□聞（しん ぶん）。

2 読みがなを 書きましょう。

新（　）しい ふく。

新（　）たな 気もち。

新年（　）を いわう。

新聞（　）を 読（よ）む。

ドリル

1つ・5点

点

1 ―線の かん字の 読みがなを 書きましょう。

① 帰り道。（　　）

② 何も 知らない。（　　）

③ チャイムが 鳴る。（　　）

④ 三角形。（　　）

⑤ 新年を いわう。（　　）

⑥ 帰国する。（　　）

⑦ 悲鳴が 聞こえる。（　　）

⑧ 妹の 人形。（　　）

⑨ 何人も 来る。（　　）

⑩ 新しい 教科書。（　　）

2 読みがなに あう かん字を 書きましょう。

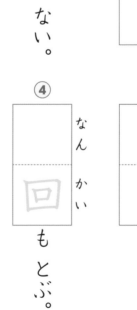

① まるい □(かたち)。

② □□(きこく) する。

③ □(なに) も ない。

④ □回(なんかい) も とぶ。

⑤ ひし□(がた)。

⑥ （　　）(あたら) しい くつ。

⑦ □聞(しんぶん)。

⑧ 鳥が （　　）(な) く。

⑨ 女の 悲□(ひめい)。

⑩ 家に （　　）(かえ) る。

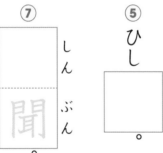

19 形(かたち)が にて いる かん字

内・肉・門・間・聞

かん字の 中には、形(かたち)が にて いる ものが あります。書(か)きまちがえないように、ちがう ところに ちゅういして おぼえましょう。

内 肉　門 間 聞

「冂」の 中の 「人」の 数(かず)が ちがう！
「門」の 中に 「日」か 「耳」が 入って いる！

内

なりたち もとの 字は「内」(へのしるしの 中に ものが 入って いく)。入った ところは、うちがわなので、うちがわを あらわす。

読み方 ナイ (ダイ) うち

いみ •かぎられた はんいの 中

4画 丨 冂 内 内

れんしゅう 出す 内 内

1 「内」を 書(か)きましょう。

うち□がわ。

校(こう)□□(ない)。

2 読(よ)みがなを 書きましょう。

内(　)がわと 外(そと)がわ。

校内(　)ほうそう。

肉

なりたち すじの ある にくの ひと切(き)れを えがいた 字。

読み方 ― ニク

いみ •うし、とり、さかななどの きりみ

6画 丨 冂 内 内 肉 肉

れんしゅう はねる 肉 肉

1 「肉」を 書きましょう。

ぶた□(にく)。

□□(ぎゅう にく)。

2 読みがなを 書きましょう。

ぶた肉(　)の りょう理(り)。

牛肉(　)を 食(た)べる。

門

読み方：モン（かど）

いみ：・いえ、学校などの 出入口

れんしゅう：門（はねる）

8画

なりたち：右と 左に 二まいの とびらの ついた もんを えがいた 字。

1 「門」を 書(か)きましょう。

家(いえ)の □（もん）。 □□（こう もん）。

□□（せい もん）から 入る。

2 読(よ)みがなを 書きましょう。

家の 門。（　）

校門の 前(まえ)。（　）

正門から 入る。（　）

間

読み方：カン　ケン　あいだ　ま

いみ：・ものと もの、ときと ときの へだたり

れんしゅう：間（「口」と しない）

12画

なりたち：もとの 字は「閒」。門(もん)の すきまから 月の 光(ひかり)が さして いる ようす。すきまが あいて いる あいだを あらわす 字。

1 「間」を 書きましょう。

□□（じ かん）。 長(なが)い □（あいだ）。

□□（にん げん）。 すき□（ま）。

2 読みがなを 書きましょう。

休み時間。（　） 長い 間。（　）

人間の 声(こえ)。（　） すき間。（　）

聞

読み方：ブン（モン）　きく　きこえる

いみ：・こえや 音を 耳で かんじる

れんしゅう：聞（はらう）

14画

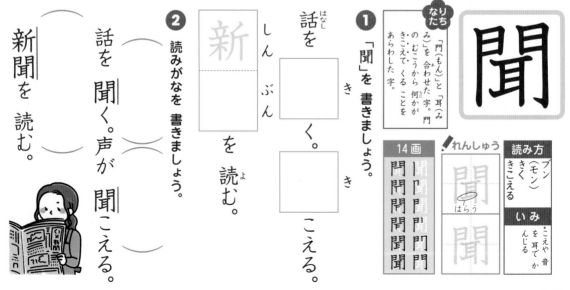

なりたち：「門(もん)」と「耳(みみ)」を 合(あ)わせた 字。門の むこうから 何(なに)かが きこえて くる ことを あらわした 字。

1 「聞」を 書きましょう。

話(はなし)を □（き）く。 □（き）こえる。

□□（しん ぶん）を 読(よ)む。

2 読みがなを 書きましょう。

話を 聞く。（　） 声が 聞こえる。（　）

新聞を 読む。（　）

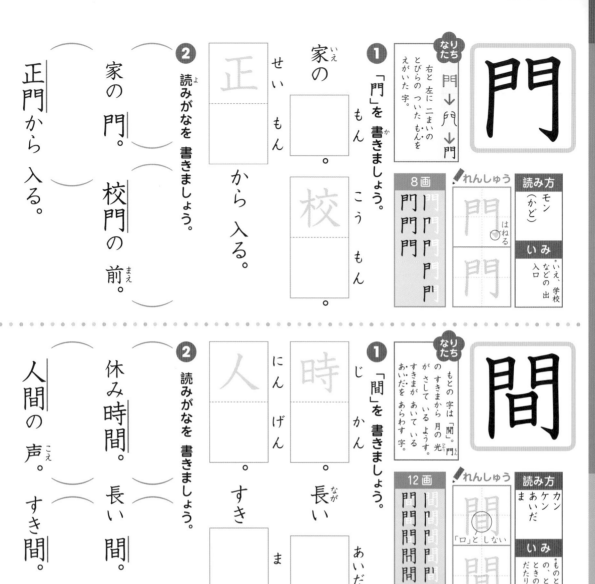

ドリル

点

1つ・5点

1 ―線の かん字の 読みがなを 書きましょう。

① 家の 門。（　　）
② 木と 木の 間。（　　）
③ 内がわと 外がわ。（　　）
④ 話を 聞く。（　　）
⑤ 人間の 体。（　　）
⑥ 校内ほうそう。（　　）
⑦ 牛肉を 食べる。（　　）
⑧ 校門の 前。（　　）
⑨ 新聞を 読む。（　　）
⑩ かべの すき間。（　　）

2 読みがなに あう かん字を 書きましょう。

① 国語の □□（じかん）。
② 線の □（うち）がわ。
③ □□（こうもん）の 前。
④ すき □（ま）。
⑤ □□（しんぶん）を 読む。
⑥ 長い □（あいだ）。
⑦ □□（にんげん）。
⑧ 学校の □□（こうない）。
⑨ □□（ぎゅうにく）。
⑩ 声が 〔□（き）こえる〕。

まとめドリル

点

1つ・5点

1 読(よ)みがなに あう かん字を 書(か)きましょう。

① □(か)いもの。

② 学校へ □(い)く。

③ 校(こう)□(もん)の 前(まえ)。

④ 三角(さんかく)の □(かたち)。

⑤ じゅん□(ばん)。

⑥ 昼(ひる)□(ま)の こと。

⑦ □(まい)日(にち)の 生活(せいかつ)。

⑧ 線(せん)の □(うち)がわ。

⑨ □(なん)回(かい)も 言(い)う。

⑩ 虫が □(な)く。

2 読みがなに あう かん字を 書きましょう。

① □□(ぎゅう にく)。

② □□(じ かん)。

③ □□(しん ぶん)。

④ □□(にん ぎょう)。

⑤ □□(こう ない)。

⑥ □□(ひゃく てん)を とる。

3 つぎの ことばを かん字と ひらがなで 〔 〕に 書きましょう。

① 家(いえ)に 〔　　〕(かえる)。

② 〔　　〕(こたえ)を 言(い)う。

③ 〔　　〕(あたらしい) ふく。

④ 声(こえ)が 〔　　〕(きこえる)。

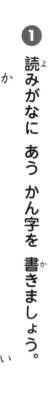

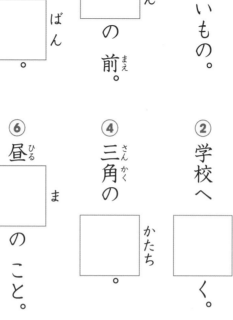

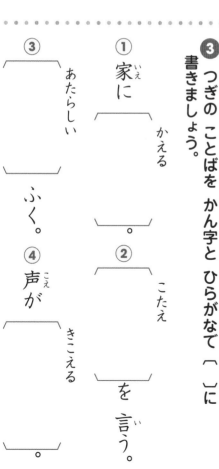

20 そのほかの かん字

丸・才・万・午・少・太・今・広・半・用・回・考・当・走・来・長・高・原・直・食

二つに 分(わ)かれる かん字では、つぎのような 組(く)み立ての ものも あります。

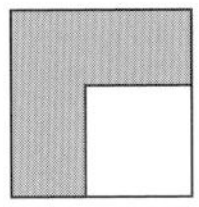
広 原

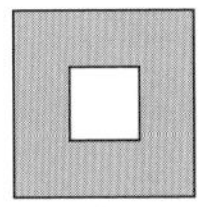
回 図

また、二つに 分けられない かん字も あります。

かん字	おもな 読み方
丸	ガン まるい まるめる
才	サイ —
万	マン (バン) —
午	ゴ —
少	ショウ すくない すこし
太	タイ・タ ふとい ふとる
今	コン (キン) いま
広	コウ ひろい ひろまる
半	ハン なかば
用	ヨウ もちいる
回	カイ・(エ) まわる まわす
考	コウ かんがえる
当	トウ あたる あてる
走	ソウ はしる
来	ライ くる (きたる)
長	チョウ ながい
直	チョク・ジキ ただちに なおす
食	ショク (ジキ) くう・たべる
高	コウ たかい たかまる
原	ゲン はら

丸

読み方
ガン
まる
まるい
まるめる

なりたち
がけの 下で、人が 体(からだ)を まるめて しゃがんで いる すがたを あらわした 字。

いみ
・ボールのような かたち

3画
ノ 九 丸

れんしゅう
丸 （はねる）
丸

1 「丸」を 書(か)きましょう。

まる［ ］い ボール。

紙(かみ)を まる［ ］める。

がん［ ］薬(やく)。
（小さく まるめた くすり）

2 読(よ)みがなを 書きましょう。

丸（ ）い ボール。

紙を 丸（ ）める。

丸（ ）薬(やく)を のむ。

才

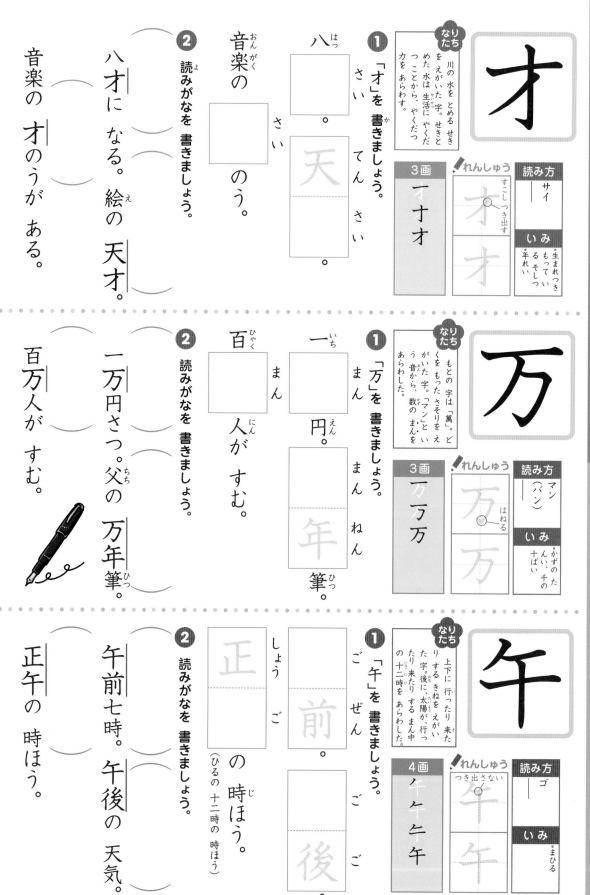

なりたち
川の 水を とめる せきを えがいた 字。せきと めた 水は 生活に やくだつ ことから、やくだつ 力を あらわす。

3画
一 才 才

れんしゅう
才 才（すこし つき出す）

読み方
サイ

いみ
・生まれつき もっている そしつ
・年れい

1 「才」を 書きましょう。

八□。（さい）
天□。（てん さい）
音楽の □のう。（さい）

2 読みがなを 書きましょう。

八才（　）に なる。絵の 天才（　）。
音楽の 才（　）のうが ある。

万

なりたち
もとの 字は「萬」。どくを もった さそりを えがいた 字。「マン」と いう 音から、数の まんを あらわした。

3画
一 丆 万

れんしゅう
万 万（はねる）

読み方
マン
（バン）

いみ
・かずの たんい、千の 十ばい

1 「万」を 書きましょう。

一□円。（まん）
□年筆。（まん ねん）
百□人が すむ。（まん）

2 読みがなを 書きましょう。

一万（　）円さつ。父の 万年筆（　）。
百万（　）人が すむ。

午

なりたち
上下に 行ったり 来たり する きねを えがいた 字。後に、太陽が、行ったり 来たり する まん中の 十二時を あらわした。

4画
ノ 𠂉 㐃 午

れんしゅう
午 午（つき出さない）

読み方
ゴ

いみ
・まひる

1 「午」を 書きましょう。

□前。（ご ぜん）
□後。（ご ご）
正□の 時ほう。（しょう ご）
（ひるの 十二時の 時ほう）

2 読みがなを 書きましょう。

午前（　）七時。午後（　）の 天気。
正午（　）の 時ほう。

ドリル

1つ・5点　点

1 ―線(せん)の かん字の 読(よ)みがなを 書(か)きましょう。

① 丸い ボール。（　　）

② 八才(はっ)に なる。（　　）

③ 一万円(いち)(えん)さつ。（　　）

④ 午前七時(しちじ)。（　　）

⑤ 音楽(おんがく)の 才のう。（　　）（　　）

⑥ 紙(かみ)を 丸める。（　　）

⑦ 午後の 天気。（　　）

⑧ 父(ちち)の 万年筆(ひつ)。（　　）

⑨ 正午に なる。（　　）

⑩ 絵(え)の 天才。（　　）

2 読みがなに あう かん字を 書きましょう。

① 三(さん)［さい］の 弟(おとうと)。

② ［しょう・ご］に なる。

③ 百(ひゃく)［まん］人(にん)。

④ ［さい］のうが ある。

⑤ ［まる］い 顔(かお)。

⑥ 絵の ［てん・さい］。

⑦ ［ご・ぜん］中(ちゅう)。

⑧ 一［まん］円さつ。

⑨ ［まん・ねん］筆(ひつ)。

⑩ 紙を ［まる］める。

少

なりたち
「小(ちいさい)」と「ノ」を合(あ)わせた字。「小」のたてのぼうの 下を、刀(かたな)で 切(き)って、小さく する ことを あらわす。

読み方	いみ
ショウ すくない すこし	・すうりょうが わずかで ある ・わかい

4画
亅 小 小 少

れんしゅう
少 少（はねる）

1 「少」を 書(か)きましょう。

□(すこ)し 休む。

人数(にんずう)が □(すく)ない。

□(しょう)女(じょ) まん画(が)。

□(しょう)年(ねん)の 顔(かお)。

2 読(よ)みがなを 書きましょう。

少（　）し 休む。

人数が 少（　）ない。

少女（　）まん画。

少年（　）の 顔。

太

なりたち
もとの 字は「大(おおきい)」の 字に「二(ふたつ かさねる しるし)」を 合(あ)わせた 字。大きい ものが 二つ かさなる ことから、ふといを あらわす。

読み方	いみ
タイ・タ ふとい ふとる	・大きい ・ものの まわりなどが 大きい

4画
一 ナ 大 太

れんしゅう
太（わすれずに） 太

1 「太」を 書きましょう。

□(ふと)い 木。

□(ふと)った 犬。

□(たい) 陽(よう)の 光(ひかり)。

丸(まる)□(た) 小屋(ごや)。

2 読みがなを 書きましょう。

太（　）い 木。

太（　）った 犬。

太陽（　）の 光。

丸太（　）小屋(ごや)。

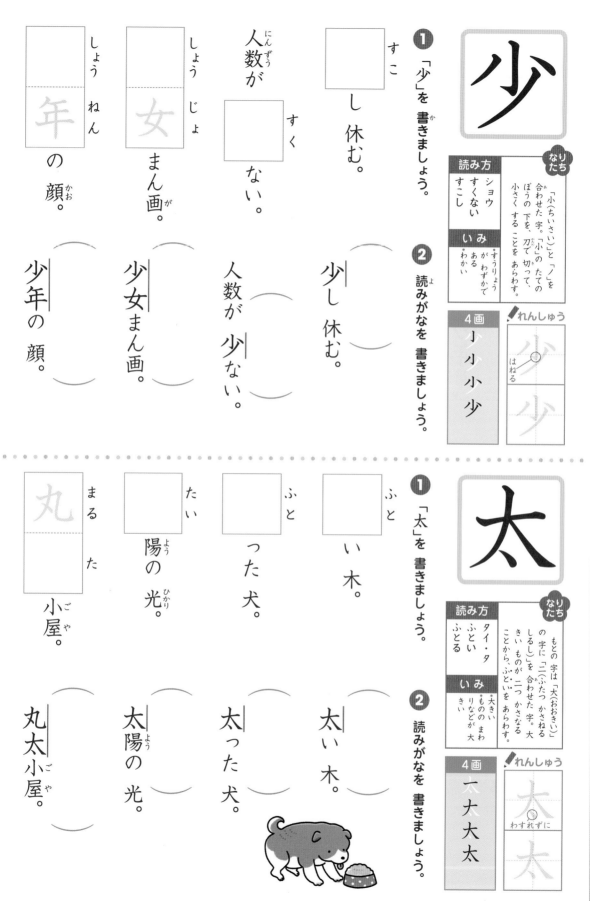

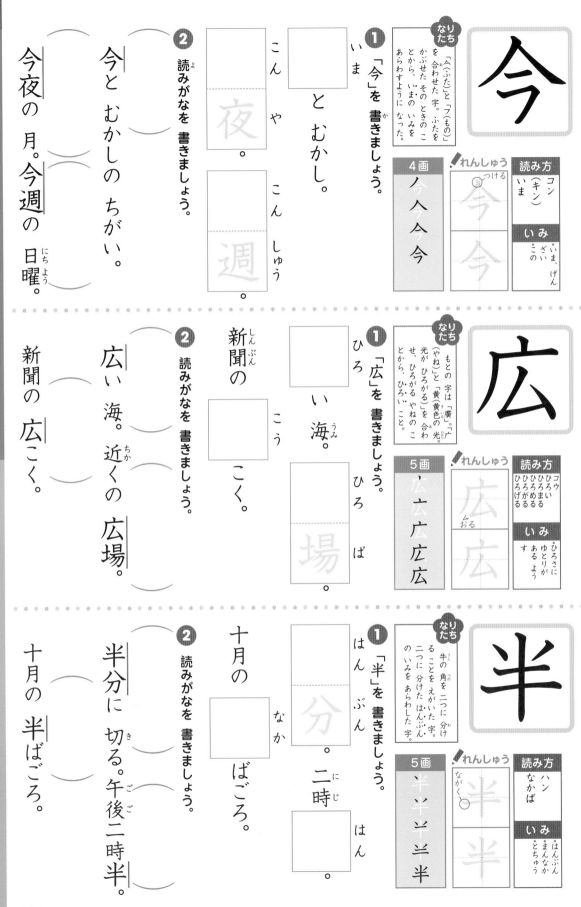

今

なりたち
「亼(ふた)」と「フ(もの)」を 合わせた 字。ふたを かぶせた その ときの ことから、いまの いみを あらわすように なった。

読み方
コン
(キン)
いま

いみ
・いま、げんざい
・この

れんしゅう
今 今（つける）

4画
今今今今

1 「今」を 書きましょう。

□（いま）と むかし。
□夜（こんや）。
□週（こんしゅう）。

2 読みがなを 書きましょう。

今（ ）と むかしの ちがい。
今夜（ ）の 月。今週（ ）の 日曜（にちよう）。

広

なりたち
もとの 字は 「廣」。「广(やね)」と 「黄(黄色の 光)」を 合わせ、光が ひろがる やねの ことから、ひろい こと。

読み方
コウ
ひろい
ひろまる
ひろめる
ひろがる
ひろげる

いみ
・ひろさに ゆとりが ある ようす

れんしゅう
広 広（おる）

5画
広広広広広

1 「広」を 書きましょう。

□（ひろ）い 海（うみ）。
新聞（しんぶん）の □（こう）こく。
□場（ひろば）。

2 読みがなを 書きましょう。

広（ ）い 海。近（ちか）くの 広場（ ）。
新聞の 広（ ）こく。

半

なりたち
牛の 角（つの）を 二つに 分（わ）ける ことを えがいた 字。二つに 分けた はんぶんの いみを あらわした 字。

読み方
ハン
なかば

いみ
・はんぶん
・まんなか
・とちゅう

れんしゅう
半 半（ながく）

5画
半半半半半

1 「半」を 書きましょう。

□分（はんぶん）。二時（にじ）□（はん）。
十月の □（なか）ばごろ。

2 読みがなを 書きましょう。

半分（ ）に 切（き）る。午後（ごご）二時半（ ）。
十月の 半（ ）ばごろ。

ドリル

点

1つ・5点

1 ―線の かん字の 読みがなを 書きましょう。

① 今（　　）と むかし。

② 半分（　　）に 切る。

③ 少女（　　）まん画。

④ 太（　　）った 犬。

⑤ 近くの 広場（　　）。

⑥ 今週（　　）の 日曜日。

⑦ 十月の 半（　　）ば。

⑧ 少（　　）し 食べる。

⑨ 太陽（　　）の 光。

⑩ 新聞の 広（　　）こく。

2 読みがなに あう かん字を 書きましょう。

① 七時 □（はん）。

② □□（まる た） 小屋。

③ □（いま） と むかし。

④ ［　　］（ひろ）い 海。

⑤ □□（こん や） の 月。

⑥ ［　　］（ふと）い 木。

⑦ □□（ひろ ば）。

⑧ 人が ［　　］（すく）ない。

⑨ □□（しょう ねん）。

⑩ 冬休みの ［　　］（なか） ば。

用

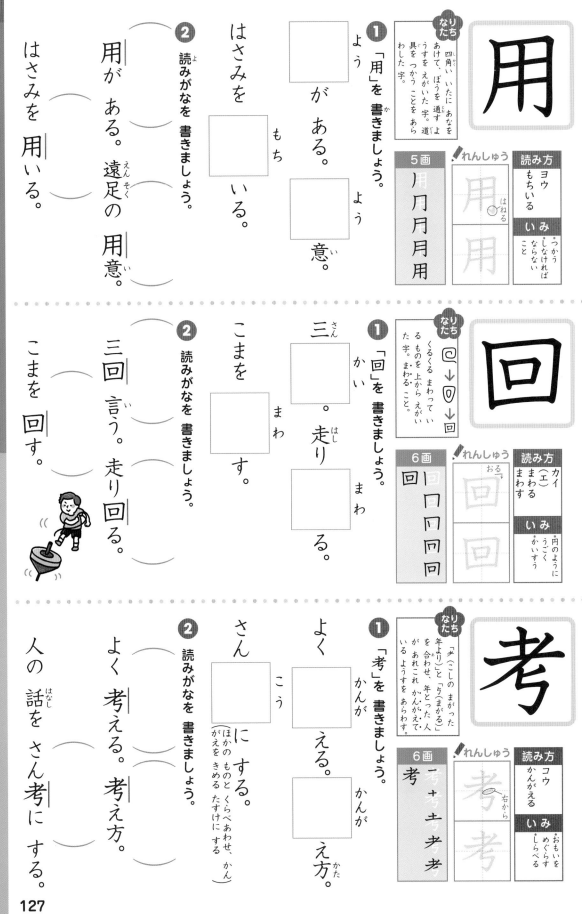

なりたち 四角い いたに あなを あけて、ぼうを 通す ようすを えがいた 字。道具を つかう ことを あらわした 字。

読み方	いみ
ヨウ もちいる	・つかう ・しなければ ならない こと

れんしゅう 用（はねる） 用

5画 丿 刀 月 月 用

❶ 「用」を 書きましょう。

□（よう）が ある。□（よう）意。

はさみを □（もち）いる。

❷ 読みがなを 書きましょう。

用（　　）が ある。遠足の 用（　　）意。

はさみを 用（　　）いる。

回

なりたち くるくる まわって いる ものを 上から えがいた 字。まわる こと。

読み方	いみ
カイ （エ） まわる まわす	・円のように うごく ・かいすう

れんしゅう 回（おる） 回

6画 回 丨 冂 冋 冋 回 回

❶ 「回」を 書きましょう。

三□（かい）。走り□（まわ）る。

こまを □（まわ）す。

❷ 読みがなを 書きましょう。

三回（　　）言う。走り回（　　）る。

こまを 回（　　）す。

考

なりたち 「耂（こしの まがった 年より）」と「丂（まがる）」を 合わせ、年とった 人が あれこれ かんがえて いる ようすを あらわす。

読み方	いみ
コウ かんがえる	・おもいを めぐらす ・しらべる

れんしゅう 考（右から） 考

6画 考 一 十 土 耂 考 考

❶ 「考」を 書きましょう。

よく □（かんが）える。□（かんが）え方。

さん□（こう）に する。（ほかの ものと くらべあわせ、かんがえを きめる たすけに する）

❷ 読みがなを 書きましょう。

よく 考（　　）える。考（　　）え方。

人の 話を さん考（　　）に する。

当

なりたち
もとの 字は「當」。「尚（まどから 空気が 入れかわる）」と「田（た）」で、田を 売り買いする ねうちと あう ことを あらわす。

読み方
トウ
あたる
あてる

いみ
・ぶつかる
・うけもつ
・あてはめる

6画
当

れんしゅう
「ツ」と しない

❶「当」を 書きましょう。

日（ひ）□（あ）たり。

□□（とう ばん）番。

けがの 手（て）□（あ）て。

❷ 読みがなを 書きましょう。

日当たり。（　　）　当番。（　　）

けがの 手当て。（　　）

走

なりたち
「土（手を ふって はしる 人）」と「止（あし）」を 合わせ、はしる ことを あらわした 字。

読み方
ソウ
はしる

いみ
・足を はやく うごかして すすむ

7画
走

れんしゅう
ながく

❶「走」を 書きましょう。

人が □（はし）る。□（はし）り回（まわ）る。

きょう □（そう）する。

❷ 読みがなを 書きましょう。

人が 走る。（　　）　走り回る。（　　）

きょう走する。（　　）

来

なりたち
もとの 字は「來」。麦（むぎ）の ほが たれる ようす。麦は 遠（とお）い 国（くに）から つたわって きたので、「くる」の いみに なった。

読み方
ライ
くる
（きたる）
（きたす）

いみ
・ちかづく
・これから 先

7画
来

れんしゅう
ながく

❶「来」を 書きましょう。

人が □（く）る。春（はる）が □（き）た。

□□（らい ねん）年の 正月。

❷ 読みがなを 書きましょう。

人が 来る。（　　）　春が 来た。（　　）

来年の 正月。（　　）

ドリル

1つ・5点

点

❶ ―線の　かん字の　読みがなを　書きましょう。

① 三回　たたく。（　）

② きずの　手当て。（　）

③ よく　考える。（　）

④ 遠足の　用意。（　）

⑤ 春が　来た。（　）

⑥ きゅう食当番。（　）

⑦ 走り回る。（　）

⑧ はさみを　用いる。（　）

⑨ 来年の　春。（　）

⑩ きょう走する。（　）

（はしる　はやさを　くらべる）

❷ 読みがなに　あう　かん字を　書きましょう。

① きょう［そう］する。

② こまを［まわ］す。

③ ［よう］が　ある。

④ よく［かんが］える。

⑤ 三［かい］言う。

⑥ 人が［く］る。

⑦ ［とう］［ばん］。

⑧ せん手が［はし］る。

⑨ ［らい］［ねん］。

⑩ 日が［あ］たる。

長

なりたち
ながい かみの毛(け)を なびかせた 年よりの 人を えがいた字。ながい こと、年上の 人の ことを あらわした字。

読み方
チョウ
ながい

いみ
•すんぽうな どが 大きい
•かしら

れんしゅう
長 長（おる）

8画
長長長長長長長長

1 「長」を 書(か)きましょう。

なが［　］い 糸。毛(け)の なが［　］さ。

こう ちょう［校　］先生。

2 読(よ)みがなを 書きましょう。

長い 糸。（　　）　毛の 長さ。（　　）

校長先生の お話(はなし)。（　　）

高

なりたち

二かいだての たかい たてものを えがいた字。

読み方
コウ
たかい
たか
たかまる
たかめる

いみ
•たかい
•すぐれている

れんしゅう
高 高（はねる）

10画
高高高高高高高高高高

1 「高」を 書きましょう。

たか［　］い 山。　こう こう［　校］。

こう がく ねん［　学年］。（五、六年生など 学年が 上の こと）

2 読みがなを 書きましょう。

高い 山。（　　）　高校野球(やきゅう)。（　　）

高学年の お姉(ねえ)さん。（　　）

原

なりたち
「厂(がけ)」と「泉(いずみ)」を 合(あ)わせた 字。がけの 下から わき出る いずみの もと。いずみが わき出る のはらの こと。

読み方
ゲン
はら

いみ
•たいらで ひろい とち

れんしゅう
原（はねる） 原

10画
原原原原原原原原原原

1 「原」を 書きましょう。

の はら［野　］。　こう げん［高　］。

広(ひろ)い そう げん［草　］。

2 読みがなを 書きましょう。

野原の 花。（　　）　高原の 木。（　　）

広い 草原。（　　）

※「くさはら」とも 読む。

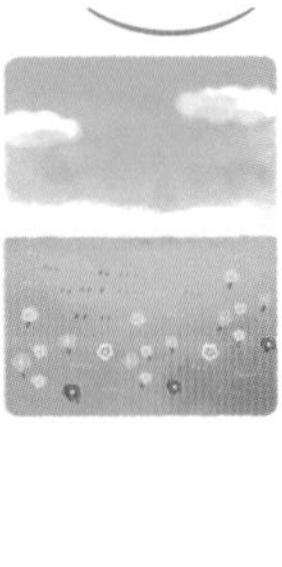

直

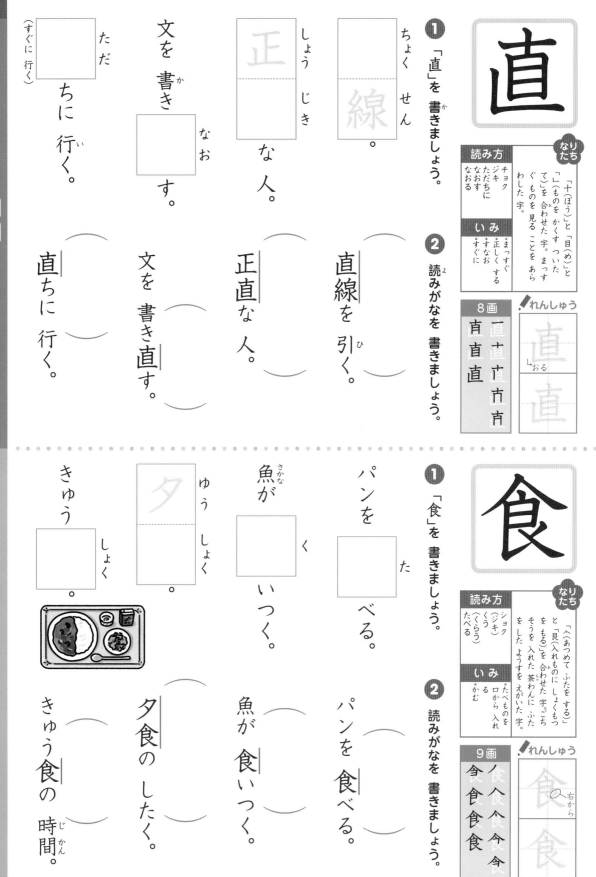

なりたち
「十(ぼう)」と「目(め)」と「L(ものを かくす ついたて)」を 合わせた 字。まっすぐ ものを 見る ことを あらわした 字。

読み方
チョク
ジキ
ただちに
なおす
なおる

いみ
・まっすぐ
・正しく する
・すなお
・すぐに

8画
一 十 十 冇 冇 有 直 直

れんしゅう
直 直
(└おる)

1 「直」を 書きましょう。

ちょくせん
□線。

しょうじき
正□な 人。

文を 書き□(なお)す。

□(ただ)ちに 行く。(すぐに 行く)

2 読みがなを 書きましょう。

直線を 引く。( )

正直な 人。( )

文を 書き直す。( )

直ちに 行く。( )

食

なりたち
「𠆢(あつめて ふたを する)」と「良(入れものに しょくもつを もる)」を 合わせた 字。ごちそうを 入れた 茶わんに ふたを した ようすを えがいた 字。

読み方
ショク
(ジキ)
くう
(くらう)
たべる

いみ
・たべものを 口から 入れる
・かむ

9画
ノ 𠆢 今 今 今 食 食 食 食

れんしゅう
食 食
(右から)

1 「食」を 書きましょう。

パンを □(た)べる。

魚が □(く)いつく。

ゆうしょく
夕□。

きゅう□(しょく)。

2 読みがなを 書きましょう。

パンを 食べる。( )

魚が 食いつく。( )

夕食の したく。( )

きゅう食の 時間。( )

ドリル

（　　）点
1つ・5点

1 ―線の かん字の 読みがなを 書きましょう。

① ぼうの 長さ。（　　）
② せが 高い。（　　）
③ 野原の 花。（　　）
④ 直線を 引く。（　　）
⑤ 高学年の 人。（　　）
⑥ 校長先生。（　　）
⑦ 魚が 食いつく。（　　）
⑧ 正直な 人。（　　）
⑨ 高原の 林。（　　）
⑩ きゅう食。（　　）

2 読みがなに あう かん字を 書きましょう。

① ［のはら］の 花。
② ［ゆうしょく］。
③ ［こうちょう］先生。
④ ［たか］い 山。
⑤ 広い ［そうげん］。
⑥ ［なが］い 道。
⑦ ［ちょくせん］。
⑧ 朝食を ［た］べる。
⑨ ［こうこう］生。
⑩ 文を 書き ［なお］す。

まとめドリル

点

1つ・5点

1 読みがなに あう かん字を 書きましょう。

① □（ふと）い はしら。

② □（いま）の 時間。

③ 一□（まん）円さつ。

④ バスが □（く）る。

⑤ 書き□（なお）す。

⑥ □（よう）意する。

⑦ きゅう□（しょく）。

⑧ □（なが）い ロープ。

⑨ こまを □（まわ）す。

⑩ □（たか）い 山。

2 読みがなに あう かん字を 書きましょう。

① □□（こうげん）。

② □□（ひろば）。

③ □□（とうばん）。

④ 絵の □□（てんさい）。

⑤ □□（はんぶん）。

⑥ □□（ごご） 三時。

3 つぎの ことばを かん字と ひらがなで 〔 〕に 書きましょう。

① 数が 〔　　〕（すくない）。

② 犬が 〔　　〕（はしる）。

③ 紙を 〔　　〕（まるめる）。

④ よく 〔　　〕（かんがえる）。

21 まちがえやすい　かん字

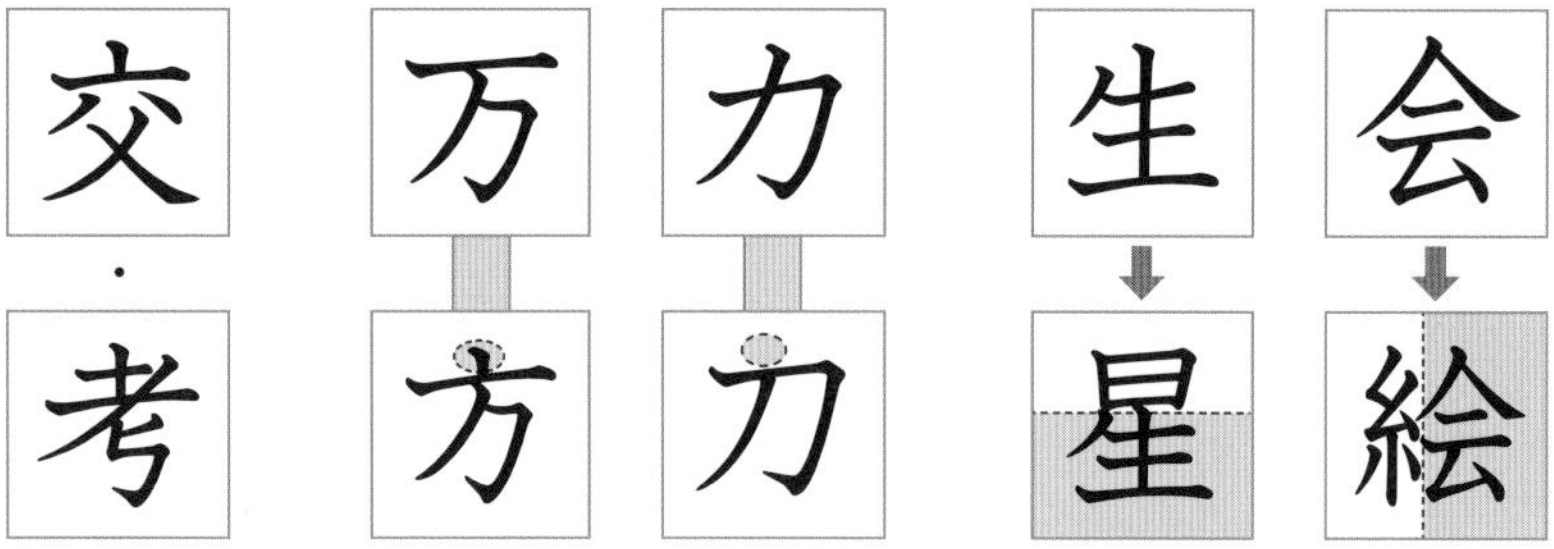

上の「絵」には、「会」の字が、「星」には「生」の字が入って　います。

◎入る　ところに　よって、形が　少し　かわるよ。気を　つけてね。

「力」と「刀」、「万」と「方」は、形が　とても　よく　にて　います。

◎ぼうの　長さや、点の　ある　なしで、べつの　字に　なって　しまうんだね。

上の「交」や「考」は、形が　ととのえにくく、書きじゅんの　まちがえやすい　字です。

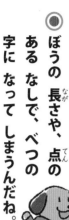

1 □の　ぶぶんを　えんぴつで　なぞりましょう。

① 寺 — 時間。

② 青 — 晴れ。

③ 合 — 答え。

④ 貝 — 買いもの。

2 上と　下の　かん字で、ちがう　ところを　えんぴつで　なぞりましょう。

① 地面を　ほる。— 池の　魚。

② 新しい　くつ。— 馬の　親子。

答え　**1**（りゃく）　**2** ①土—氵　②斤—見

ドリル①

□点
1つ・5点

1 ⬚の ぶぶんを もつ かん字を 書きましょう。

① 夕―人が □(おお)い。□(そと)を 見る。

② 里―りょう □(り)する。□(の)原。

2 書きじゅんの 正しい ほうに、○を つけましょう。

① （　）亠 亣 六 亣 交　（　）亠 亠 亢 亢 交

② （　）十 土 耂 考 考　（　）十 土 耂 耂 考

③ （　）ク 乌 乌 缶 色　（　）ク 乌 色 色 色

④ （　）丨 ⺕ 聿 聿 書　（　）一 ⺕ ⺕ 聿 書

3 形に 気を つけて、かん字を 書きましょう。

① □(ご)前八時。□(うし)が 鳴く。

② □(じ)分の 名前。□(くび)を まげる。

③ □(て)を 上げる。かみの □(け)を とかす。

④ うれしい □(き)もち。大きな □(き)船。

⑤ 虫の 鳴き□(ごえ)。本が □(う)れる。

⑥ やさしい □(はは)親。□(まい)日、本を 読む。

ドリル②

□点
1つ・5点

1 たりない ぶぶんを 書きたして、正しい かん字に しましょう。

① [亻](やす)みの 日。 [亻](からだ)を うごかす。

② おり[糸](がみ)。 [糸](ほそ)い ひも。 [糸](え)を かく。 [糸](せん)を 引く。

③ [言](けい)算する。 日[言](き)を 書く。 [言](はなし)を する。 本を [言](よ)む。

2 形に 気を つけて、かん字を 書きましょう。

① □(いま)と むかし。 二つに □(わ)ける。

② はこの □(うち)がわ。 □(にく)を 食べる。

③ 自動□(しゃ)に のる。 バスが □(く)る。 学校の □(ひがし)がわに ある 公園。

④ 校□(もん)の 前で まつ。 声を □(き)く。 かべの すき□(ま)。

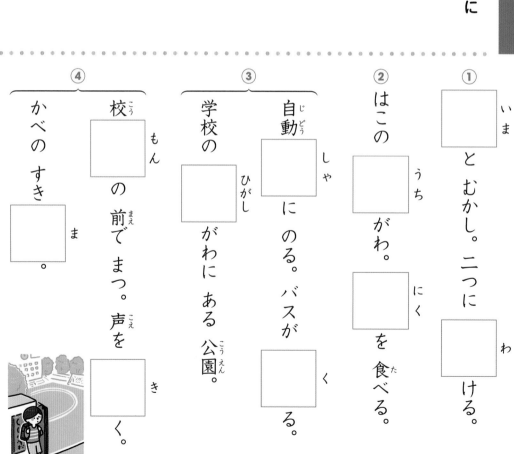

22 いろいろな 読み方の かん字

つぎの ―線の「明」を 読んで みましょう。

- 明るい 空。
- 月の 明かり。
- 夜が 明ける。
- くわしく せつ明する。
- 明朝 八時に あつまる。

ぜんぶ 読めましたか。

右から、「あか(るい)」、「あ(かり)」、「あ(ける)」、「(せつ) めい」、「みょう (ちょう)」と 読みます。

このように、いろいろな 読み方が ある かん字に ちゅういして、つかい方を おぼえましょう。

明るい 空。

月の 明かり。 夜が 明ける。

くわしく せつ明する。

明朝 八時に あつまる。

1 ―線の ことばの 正しい 読みがなの ほうに、○を つけましょう。

① パンを 半分 {（ ）はんふん／（ ）はんぶん} に する。

② 金魚が えさを 食う。 {（ ）たう／（ ）くう}

③ せん手が 行しん {（ ）こうしん／（ ）ぎょうしん} する。

④ 人に 親切 {（ ）おやせつ／（ ）しんせつ} に する。

⑤ 新た {（ ）あらた／（ ）あたらた} な 気もち。

答え **1** ①はんぶん ②くう ③こうしん ④しんせつ ⑤あらた に○

ドリル

点

1つ・4点

1 ―線の かん字の 読みがなを 書きましょう。

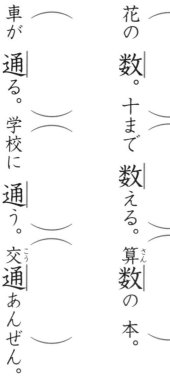

① 少し 食べる。 人が 少ない。 外国の 少年。

② 花の 数。 十まで 数える。 算数の 本。

③ 車が 通る。 学校に 通う。 交通あんぜん。

④ 昼と 夜。 今夜の 天気。 夜明けの 空。

2 ―線の かん字の 読みがなを 書きましょう。

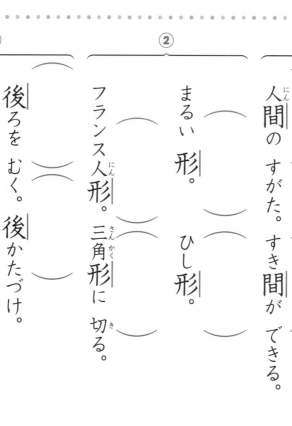

①
休み時間。 木と 木の 間。
人間の すがた。 すき間が できる。

②
まるい 形。 ひし形。
フランス人形。 三角形に 切る。

③
後ろを むく。 後かたづけ。
晴れ 後 雨。 午後の 天気。 話の 後半。

23 同じ 読み方の かん字

つぎの ——線の 読み方の かん字を 考えて みましょう。

・**かい水よくに 行く。**

「かい」と 読む かん字は、たくさん あります。これまでに、「回・会・海・絵・貝」を ならっていて、「かい水よく」と いう ことばから、「海」が 正しい ことが わかります。

・**友だちに あう。**

「あう」には、「会う」と「合う」が あります。「人と 顔を あわせる」ときは「会う」で、「同じに なる」「一つに なる」ときなどでは「合う」を つかいます。

友だちに 会う。

答えが 合う。

1 ——線の ことばを 正しい かん字で 書きあらわした ほうに、○を つけましょう。

① かんこうバスに のる。
( )かん光 ( )かん行

② テストの てん数。
( )店数 ( )点数

③ 午ごから 雨が ふる。
( )午後 ( )午語

④ 手紙の 書きかた。
( )書き方 ( )書き形

⑤ 広い 一けんや。
( )一けん矢 ( )一けん家

答え **1** ①かん光 ②点数 ③午後 ④書き方 ⑤一けん家 に○

ドリル

1つ・5点

□点

1 □に 当(あ)てはまる かん字を、〔 〕から えらんで 書(か)きましょう。

① 〔遠・園〕…□(えん)足(そく)。公(こう)□(えん)で あそぶ。

② 〔強・教〕…□(きょう)室(しつ)に 入る。勉(べん)□(きょう)する。

③ 〔新・親〕…□(しん)聞紙(ぶんし)。□(しん)友(ゆう)に なる。

④ 〔台・弟〕…兄(きょう)□(だい)で あそぶ。□(だい)所(どころ)。

⑤ 〔丸・円〕…□(まる)い 玉。□(まる)い さら。

2 ―線(せん)のように 読(よ)む かん字を 書きましょう。

① コウ
パン□場(じょう)。□通(つう)ルール。

② ショク
二(に)□で かく。きゅう□。

③ ドウ
□時(じ)に 言(い)う。広(ひろ)い□路(ろ)。

④ あう
みんなで 話(はな)し□う。先生に□う。

⑤ あける
せきを□ける。年が□ける。

答え（こた）

「ドリル」「まとめドリル」の答えです。

1 どうぶつや 草木を あらわす かん字

7ページ ドリル

❶ ①うま ②さかな ③うし ④ぎゅう ⑤うお ⑥こうま ⑦ぎゅうにく ⑧さかな ⑨ばしゃ ⑩きんぎょ

❷ ①魚 ②牛 ③牛 ④馬 ⑤魚 ⑥木馬 ⑦金魚 ⑧牛肉 ⑨馬車 ⑩子馬（小馬）

10ページ ドリル

❶ ①とり ②こめ ③むぎ ④はね ⑤しんまい ⑥やちょう ⑦ば（わ） ⑧むぎちゃ ⑨はくちょう ⑩べいさく

❷ ①米 ②小鳥 ③羽 ④麦 ⑤米 ⑥鳥 ⑦小麦 ⑧羽 ⑨白鳥 ⑩新米

2 しぜんや 天気を あらわす かん字

14ページ ドリル

❶ ①うみ ②いけ ③たに ④いわやま ⑤かぜ ⑥かい ⑦がんせき ⑧たにま ⑨でんち ⑩たいふう

❷ ①池 ②海水 ③風船 ④岩 ⑤海 ⑥谷川 ⑦風 ⑧電池 ⑨谷 ⑩岩

17ページ ドリル

❶ ①ほし ②くも ③は ④ゆき ⑤ぐも ⑥せい ⑦せつ ⑧せいてん ⑨どせい ⑩うん

❷ ①雪 ②晴 ③雨雲 ④雪 ⑤晴天 ⑥雲 ⑦星 ⑧星空 ⑨大雪 ⑩晴

18ページ まとめドリル

❶ ①海 ②米 ③鳥 ④羽 ⑤馬 ⑥麦 ⑦池 ⑧魚 ⑨牛 ⑩晴

❷ ①雨雲 ②白鳥 ③大雪 ④谷川 ⑤岩山 ⑥海水 ⑦馬車 ⑧金魚 ⑨星空 ⑩風車

3 一日や きせつを あらわす かん字

21ページ ドリル

❶ ①あさ ②ひるやす ③よる ④あさひ ⑤ひるま ⑥よなか ⑦こんや ⑧ちゅうしょく ⑨ちょうしょく ⑩じゅうごや

❷ ①朝 ②夜 ③昼 ④朝食 ⑤昼休 ⑥今夜 ⑦昼食 ⑧十五夜 ⑨朝日 ⑩昼間

24ページ ドリル

❶ ①はる ②なつ ③あきば ④ふゆ ⑤なつやす ⑥りっしゅん ⑦とう ⑧しゅうぶん ⑨しゅんぶん ⑩か

❷ ①夏休 ②冬 ③秋晴 ④春風 ⑤秋 ⑥冬 ⑦立春 ⑧夏 ⑨冬山 ⑩秋分

4 方角や いちを あらわす かん字

28ページ ドリル

❶ ①きた ②にしび ③みなみ ④ひがし ⑤とうざい ⑥ほっ ⑦なん ⑧とうきょう ⑨なんぼく ⑩せい

❷ ①南 ②東 ③西 ④南 ⑤北 ⑥南北 ⑦東京 ⑧西 ⑨南 ⑩東北

31ページ ドリル

❶ ①まえ ②ほうがく ③うし ④かど ⑤さんかく ⑥ぜんご ⑦ゆうがた ⑧のち ⑨こうはん ⑩つの

❷ ①午前 ②角 ③後 ④方 ⑤前後 ⑥方角 ⑦名前 ⑧後半 ⑨角 ⑩後

32ページ まとめドリル

❶ ①秋 ②春 ③昼 ④夜 ⑤夏 ⑥北 ⑦東 ⑧後 ⑨南 ⑩角

❷ ①夕方 ②名前 ③冬山 ④北風 ⑤西日 ⑥東北 ⑦方角 ⑧前後 ⑨朝日 ⑩夜中

5 家ぞくや 人を あらわす かん字

35ページ ドリル

❶ ①はは ②ちち ③あね ④いもうと ⑤ふぼ ⑥ははおや ⑦いもうと ⑧あね ⑨ぼこう ⑩ちちおや

❷ ①父 ②姉 ③妹 ④母親 ⑤父親 ⑥母校 ⑦姉 ⑧妹 ⑨姉 ⑩父母

39ページ　ドリル

❶ ①おとうと ②おやこ ③とも ④じ ⑤きょうだい ⑥した ⑦し ⑧じぶん ⑨あに ⑩しんゆう

❷ ①自分 ②友 ③兄 ④親子 ⑤弟 ⑥親切 ⑦自 ⑧親友 ⑨兄弟 ⑩親

6 体の ぶぶんを あらわす かん字

43ページ　ドリル

❶ ①からだ ②けいと ③くび ④あたま ⑤もう ⑥たい ⑦かおいろ ⑧しゅ ⑨せんとう ⑩がん

❷ ①毛 ②顔 ③体 ④頭 ⑤毛 ⑥体 ⑦顔色 ⑧足首 ⑨体 ⑩先頭

44ページ　まとめドリル

❶ ①父 ②兄 ③母 ④弟 ⑤姉 ⑥妹 ⑦自 ⑧友 ⑨頭 ⑩親

❷ ①体 ②先頭 ③足首 ④親子 ⑤父母 ⑥兄弟 ⑦頭上 ⑧親友 ⑨顔色 ⑩毛糸

7 色や 名前を あらわす かん字

47ページ　ドリル

❶ ①いろ ②くろ ③ちゃ ④きいろ ⑤くろ ⑥しょく ⑦おうごん ⑧ちゃいろ ⑨しきし（いろがみ） ⑩こく

❷ ①黒 ②色 ③茶 ④黄色 ⑤黒 ⑥色 ⑦茶色 ⑧黄金 ⑨色紙 ⑩黒

50ページ　ドリル

❶ ①と ②だい ③ゆみ ④こ ⑤たいふう ⑥ゆみや ⑦あまど ⑧たかだい ⑨ゆみがた（きゅうけい） ⑩こがい

❷ ①台 ②弓 ③戸 ④台 ⑤雨戸 ⑥戸 ⑦台風 ⑧弓 ⑨弓矢 ⑩高台

8 町に かんけいの ある かん字

54ページ　ドリル

❶ ①てら ②みせさき ③や ④いちば ⑤ばいてん ⑥じ ⑦か ⑧でんわ ⑨し ⑩けらい

❷ ①家 ②寺 ③店 ④市場 ⑤電車 ⑥寺 ⑦書店 ⑧電気 ⑨家 ⑩市

57ページ　ドリル

❶ ①ふね ②こうえん ③こう ④きしゃ ⑤えん ⑥ふな ⑦きせん ⑧こう ⑨ふうせん ⑩えん

❷ ①船 ②汽車 ③船 ④園 ⑤公園 ⑥公 ⑦汽船 ⑧園 ⑨公 ⑩風船

58ページ　まとめドリル

❶ ①色 ②寺 ③弓 ④台 ⑤市 ⑥家 ⑦園 ⑧黒 ⑨船 ⑩家

❷ ①電気 ②麦茶 ③市場 ④台風 ⑤汽車 ⑥黄色 ⑦雨戸 ⑧風船 ⑨公園 ⑩店先

9 学校や 教科に かんけいの ある かん字

63ページ　ドリル

❶ ①きょうしつ ②こくご ③さんすう ④しつ ⑤ゆきぐに ⑥かず ⑦おそ ⑧がたり ⑨ざん ⑩すうじ

❷ ①算 ②人数 ③室 ④計算 ⑤国語 ⑥教 ⑦教室 ⑧数 ⑨算数 ⑩語

67ページ　ドリル

❶ ①ずが ②りか ③かいしゃ ④あいず ⑤としょ ⑥かいじょう ⑦かもく ⑧けいかく ⑨あ ⑩きょうか

❷ ①理 ②地図 ③会 ④百科 ⑤理科 ⑥画用紙 ⑦社会 ⑧大会 ⑨図画 ⑩会

71ページ　ドリル

❶ ①うたごえ ②らく ③こうさく ④おんがく ⑤どくしょ ⑥か ⑦せいかつ ⑧こうか ⑨だいく ⑩つく

❷ ①音楽 ②校歌 ③図工 ④歌 ⑤生活 ⑥楽 ⑦作文 ⑧書 ⑨読書 ⑩作

72ページ　まとめドリル

❶ ①会 ②作 ③書 ④歌 ⑤理 ⑥工 ⑦社 ⑧画 ⑨国 ⑩科

❷ ①国語 ②算数 ③教室 ④図工 ⑤生活 ⑥音楽

❸ ①教える ②作る ③楽しい ④数える

10 「糸」の つく かん字

76ページ ドリル

❶ ①ほそなが ②かみ ③ばんぐみ
④でんせん ⑤ざいく ⑥え
⑦しんぶんし ⑧く ⑨ちょくせん
⑩こま

❷ ①絵 ②新聞紙 ③線 ④線 ⑤手紙
⑥細 ⑦絵本 ⑧細 ⑨組 ⑩組

11 「言」の つく かん字

80ページ ドリル

❶ ①にっき ②けいかく ③ばなし
④どくしょ ⑤い ⑥はか ⑦よ
⑧しる ⑨わ ⑩ごと

❷ ①計算 ②読 ③日記 ④話 ⑤言
⑥計 ⑦読書 ⑧言 ⑨電話 ⑩記

12 「辶」の つく かん字

84ページ ドリル

❶ ①しゅうかん ②とお ③ほどう
④えんそく ⑤ちかみち ⑥つうがく
⑦きん ⑧らいしゅう ⑨かよ ⑩とお

❷ ①道 ②週間 ③近 ④通 ⑤交通
⑥遠 ⑦水道 ⑧近 ⑨遠足 ⑩通

85ページ まとめドリル

❶ ①細 ②線 ③組 ④言 ⑤絵
⑥話 ⑦週 ⑧読 ⑨道 ⑩記

❷ ①水道 ②手紙 ③遠足 ④読書

❸ ①近い ②計る ③遠い ④通う
⑤細かい ⑥記す

13 「口」の つく かん字
14 「刀」の つく かん字

90ページ ドリル

❶ ①ふる ②じぶん ③あ ④き
⑤わ ⑥ごうどう ⑦かたな ⑧こ
⑨たいせつ ⑩おな

❷ ①親切 ②古 ③同時 ④同
⑤合 ⑥切 ⑦刀 ⑧合 ⑨自分 ⑩分

15 「弓」の つく かん字
16 「日」の つく かん字

95ページ ドリル

❶ ①にちよう ②あ ③じかん
④つよ ⑤めい ⑥よわ ⑦ひ
⑧とき ⑨きょうりょく
⑩いんりょく

❷ ①時 ②明 ③強弱 ④強 ⑤水曜
⑥明 ⑦時 ⑧弱 ⑨弱点 ⑩引

96ページ まとめドリル

❶ ①古 ②刀 ③明 ④引 ⑤強
⑥時 ⑦切 ⑧明 ⑨時 ⑩切

❷ ①自分 ②日曜 ③強弱 ④合同

❸ ①同じ ②明るい ③強い
④分ける ⑤弱まる ⑥合わせる

17 同じ ぶぶんの ある かん字

100ページ ドリル

❶ ①こころ ②と ③し ④ほどう
⑤ちゅうしん ⑥おも ⑦つうち
⑧ちゅうし ⑨ゆみや ⑩あゆ

❷ ①矢 ②止 ③心 ④思 ⑤歩
⑥止 ⑦弓矢 ⑧知 ⑨中心 ⑩歩

104ページ ドリル

❶ ①のやま ②う ③うたごえ
④やまざと ⑤とち ⑥や
⑦ばいてん ⑧ば ⑨じょう ⑩じ

❷ ①声 ②工場 ③売店 ④地
⑤野原 ⑥地図 ⑦人里 ⑧広場
⑨野 ⑩売

108ページ ドリル

❶ ①とうきょう ②ひかり ③もと
④ま ⑤そと ⑥がんじつ ⑦こうつう ⑧おお ⑨たすう ⑩はず

❷ ①元気 ②日光 ③外国 ④交番
⑤元 ⑥多 ⑦外 ⑧光 ⑨東京
⑩交

109ページ まとめドリル

❶ ①思 ②心 ③多 ④里 ⑤場
⑥地 ⑦売 ⑧野 ⑨歩 ⑩止

❷ ①外国 ②弓矢 ③東京 ④工場
⑤歌声 ⑥元気

❸ ①光る ②止まる ③交わる
④知らせる

18 二つに 分かれる かん字

113ページ ドリル

❶ ①こた ②まいあさ ③おこな（こう）
④か ⑤てんせん ⑥とう
⑦とうばん ⑧こう ⑨ぎょう
⑩ばいばい

❷ ①百点 ②番 ③毎日 ④行 ⑤番組
⑥買 ⑦買 ⑧答 ⑨答 ⑩行

116ページ ドリル

1 ①かえ ②なに ③な ④さんかくけい（さんかっけい） ⑤しんねん ⑥きこく ⑦めい ⑧にんぎょう ⑨なんにん ⑩あたら

2 ①形 ②帰国 ③何 ④何回 ⑤形 ⑥新 ⑦新聞 ⑧鳴 ⑨鳴 ⑩帰

19 形が にて いる かん字

119ページ ドリル

1 ①もん ②あいだ ③うち ④き ⑤にんげん ⑥こうない ⑦ぎゅうにく ⑧こうもん ⑨しんぶん ⑩ま

2 ①時間 ②内 ③校門 ④間 ⑤新聞 ⑥間 ⑦人間 ⑧校内 ⑨牛肉 ⑩聞

120ページ まとめドリル

1 ①買 ②行 ③門 ④形 ⑤番 ⑥間 ⑦毎 ⑧内 ⑨何 ⑩鳴

2 ①牛肉 ②時間 ③新聞 ④人形 ⑤校内 ⑥百点

3 ①帰る ②答え ③新しい ④聞こえる

20 そのほかの かん字

123ページ ドリル

1 ①まる ②さい ③まん ④ごぜん ⑤さい ⑥まる ⑦ごご ⑧まんねん ⑨しょうご ⑩てんさい

2 ①才 ②正午 ③万 ④才 ⑤丸 ⑥天才 ⑦午前 ⑧万 ⑨万年 ⑩丸

126ページ ドリル

1 ①いま ②はんぶん ③しょうじょ ④ふと ⑤ひろば ⑥こんしゅう ⑦なか ⑧すこ ⑨たい ⑩こう

2 ①半 ②丸太 ③今 ④広 ⑤今夜 ⑥太 ⑦広場 ⑧少 ⑨少年 ⑩半

129ページ ドリル

1 ①かい ②あ ③かんが ④よう ⑤き ⑥とうばん ⑦はし ⑧もち ⑨らいねん ⑩そう

2 ①走 ②回 ③用 ④考 ⑤回 ⑥来 ⑦当番 ⑧走 ⑨来年 ⑩当

132ページ ドリル

1 ①なが ②たか ③のはら ④ちょくせん ⑤こうがくねん ⑥こうちょう ⑦く ⑧しょうじき ⑨こうげん ⑩しょく

2 ①野原 ②夕食 ③校長 ④高 ⑤草原 ⑥長 ⑦直線 ⑧食 ⑨高校 ⑩直

133ページ まとめドリル

1 ①太 ②今 ③万 ④来 ⑤直 ⑥用 ⑦食 ⑧長 ⑨回 ⑩高

2 ①高原 ②広場 ③当番 ④天才 ⑤半分 ⑥午後

3 ①少ない ②走る ③丸める ④考える

21 まちがえやすい かん字

135ページ ドリル①

1 ①多・外 ②理・野

2 ①（〇）（　） ②（　）（〇） ③（〇）（　） ④（　）（〇）

3 ①午・牛 ②自・首 ③手・毛 ④気・汽 ⑤声・売 ⑥母・毎

136ページ ドリル②

1 ①休・体 ②紙・細／絵・線 ③計・記／話・読

2 ①今・分 ②内・肉 ③車・来／東 ④門・聞／間

22 いろいろな 読み方の かん字

138ページ ドリル

1 ①すこ・すく・しょう ②かず・かぞ・すう ③とお・かよ・つう ④よる・や・よ

2 ①かん・あいだ／げん・ま ②かたち・がた／ぎょう・けい ③うし・あと／のち・ご・こう

23 同じ 読み方の かん字

140ページ ドリル

1 ①遠・園 ②教・強 ③新・親 ④弟・台 ⑤丸・円

2 ①工・交 ②色・食 ③同・道 ④合・会 ⑤空・明